高科技企业客户锁定机制及战略研究

毛中明　著

中国社会科学出版社

图书在版编目(CIP)数据

高科技企业客户锁定机制及战略研究/毛中明著. —北京：中国社会科学出版社，2019.12
ISBN 978-7-5203-5475-2

Ⅰ.①高… Ⅱ.①毛… Ⅲ.①高技术产业—商业模式—研究 Ⅳ.①F276.44

中国版本图书馆 CIP 数据核字(2019)第 245435 号

出 版 人	赵剑英	
责任编辑	王　曦	
责任校对	周晓东	
责任印制	戴　宽	

出　　版	中国社会科学出版社	
社　　址	北京鼓楼西大街甲 158 号	
邮　　编	100720	
网　　址	http://www.csspw.cn	
发 行 部	010-84083685	
门 市 部	010-84029450	
经　　销	新华书店及其他书店	
印刷装订	北京君升印刷有限公司	
版　　次	2019 年 12 月第 1 版	
印　　次	2019 年 12 月第 1 次印刷	
开　　本	710×1000　1/16	
印　　张	15.25	
插　　页	2	
字　　数	216 千字	
定　　价	86.00 元	

凡购买中国社会科学出版社图书，如有质量问题请与本社营销中心联系调换
电话：010-84083683
版权所有　侵权必究

摘　　要

　　客户锁定现象在高科技产品中表现突出，利用高科技产品收益递增的特性，从战略上锁定客户，既符合高科技企业的竞争规律，又可以获得持续稳定的市场回报，从而弥补初始固定研发成本，提高市场竞争力。但是其锁定的程度难以直接量化，而导致客户锁定结果的技术标准、网络效应最终都成为客户的各种转移成本，因此对转移成本的量化可以用来衡量客户锁定的程度。量化转移成本的诸多因素对客户锁定效应的影响，确定转移成本各因素在客户锁定效应中所占的权重，可以为高科技企业将有限的资源按不同比例投入到各类转移成本的构建之中，提供决策依据，使高科技企业客户锁定战略及其商业模式落地生根，具有更为广泛的操作性，对于创新转移成本和客户锁定理论、延长高科技产品的生命周期以及提升我国高科技产业的经济产出绩效和竞争力具有重要的学术价值和现实意义。本书主要内容如下。

　　1. 转移成本和客户锁定理论研究具有坚实的时代基础

　　目前，我国高科技产业规模持续增长，在技术创新方面取得了巨大进步，不论是其创新环境还是对高科技的投入力度都在持续优化和稳步加大，因此我国的科技创新产出能力大幅度提升，创新成效进一步增强。但与国际比较，在研发投入强度、基础研究、整体的创新能力和研究水平上仍有较大差距，我国仍处于从跟踪、积累到酝酿的突破阶段。运用转移成本和客户锁定理论有利于激励高科技企业增加研发投入，重视基础研究，提高创新能力和研究水平。

客户从一个产品或服务的供应商转向另一个供应商时所面临的一次性成本，诸如时间、精力和金钱的损耗，都会形成转移成本，成为挽留客户与原供应商维持服务消费关系的转移障碍。从企业立场来看，转移成本是培育客户忠诚度的强大工具，是保持市场份额的有力保障，是阻碍竞争者进入市场的锋利武器；从客户立场来看，转移成本是客户在转换供应商时感知到的转移障碍。转移成本的存在造就了企业的先发优势，使得市场竞争力强的企业更强，随着市场竞争日益激烈，越来越多的企业将更多的时间和精力投入客户锁定策略的研究上，通过提高转移成本来减少客户流失的方式也被越来越多的高科技企业所采用。进行转移成本和客户锁定在高科技产业的运用，一方面帮助我国高科技企业挖掘发展潜力，提高国际市场竞争力；另一方面避免我国高科技市场遭国外高科技企业的恶意锁定。在信息产业领域，已经有一些企业或产品通过构建转移成本取得了很好的客户锁定效果，比如腾讯的即时通信产品 QQ 和微信，运用构建转移成本提高客户锁定的策略已经取得卓越成就。客户转移成本是一个复杂变量，难以用统一指标进行分析，因此高科技企业在实际运营中不能直接采用"拿来主义"，必须结合转移成本和客户锁定的理论特点和企业实际经营情况做到具体问题具体分析。

2. 高科技企业与传统企业的竞争规则、内容、方式、结果存在差异

高科技企业作为先导性企业，具有广阔的市场前景和科技进步能力。随着我国开放程度稳步扩大和市场经济体制的不断完善，高科技企业正经历着一个经营机制、战略定位、商业模式转变和调整的过程。越来越多跨国公司的大举进入和来自海外投资的持续增长，使传统的竞争概念和竞争格局发生变化。面对经营条件和竞争环境的剧烈变迁，

和传统企业相比,新兴企业在市场竞争过程中面临四大转变:一是竞争规则的转变,传统企业的低成本战略和差异化战略已经不能适应高科技企业的竞争规则,高科技产品的高固定成本和低边际成本、网络外部性决定了高科技企业的基本竞争策略,如差别定价、标准竞争、捆绑销售和客户锁定等;二是竞争内容的转变,传统企业的竞争重点是土地、原材料、劳动力,高科技企业的竞争重点是知识和资金;三是竞争方式的转变,传统企业所竞争的土地、原材料、劳动力等资源具有排他性,是一种对抗性竞争,高科技企业所竞争的知识具有非排他性,这为高科技企业在某些领域的合作与共赢提供了条件;四是竞争结果的转变,从全球市场来看,传统企业的竞争结果是在规模经济状态下多家企业共存,高科技企业的竞争结果是赢家通吃与锁定。

3. 转移成本—客户锁定—商业模式创新的理论逻辑链条推演

转移成本不仅包括金钱成本,而且包括客户在学习使用新产品的过程中付出的时间成本、精力成本,以及客户因对原有产品的信任、习惯依赖等心理因素产生的情感成本,在价格等其他因素不变的条件下,客户对产品的转移成本越高,就会越忠实于该产品。作为阻止客户脱离企业服务关系的一种障碍,转移成本在企业实施战略过程中发挥着越来越重要的作用,通过管理客户对转移成本的感知锁定客户,成为高科技企业保持持续竞争优势的重要的客户管理战略,这种客户管理战略可以催生出全新的商业模式,即客户锁定型商业模式。席卷大小交易环节的支付宝利用免费甚至补贴的方式激励购买方使用产品,培养移动支付习惯,同时拉动售卖方成为支付宝钱包的客户,习惯用支付宝钱包收款。当使用习惯培养成功之后,交易双方都对该产品或服务就产生转移成本,如学习成本、信任成本、习惯改变成本等,客户锁定型商业模式得以建立。在这种商业模式中,随着转移成本的提高,客户对先行者产品质量的敏感度会降低,即较高的转移成本会弱化客户对产品质量的感知,使客户在衡量产品满意度时主要考虑转移成本而忽略质量的影响作用。正是因为转移成本的存在，阻碍了客户使用新进入者的产品，产业先行者产生较强的竞争优势，这对高科技产业领域的先行者具有正向激励作用，有利于高科技产业形成踊跃创新的经营氛围，促进高科技产业的快速发展。

4. 分析了高科技企业的客户锁定机制

客户转移成本形成原理可以归结于资产专用性、经济市场的不确定、交易者潜在数量、信息不对称和客户的有限理性，企业转移成本主要由程序型转移成本、财务型转移成本和关系型转移成本构成。通过分析收集的文献发现，与转移成本同时对客户锁定效果发生作用的可能因素还有信息不对称、技术优势和网络效应，通过统计调查问卷数据并运用结构方程模型对各影响因素形成的客户锁定效果进行评价发现，信息不对称可能对高科技企业锁定客户产生影响，而转移成本、技术优势和网络效应则确实能对高科技企业锁定客户产生影响。信息不对称产生的影响可能是负向的，而其他三个因素的影响为正向，影响效果排序为网络效应 > 技术优势 > 转移成本。

5. 转移成本的量化研究

锁定的程度难以直接量化，而导致客户锁定结果的技术优势、网络效应最终都形成客户的各种转移成本，因此对转移成本的量化可以用来衡量锁定的程度，将转移成本细分成不同的类型有利于对其进行量化分析。通过建立转移成本下的高科技企业客户锁定评价指标体系，将熵权法和 AHP 相结合确定其指标权重，可以量化客户锁定程度，提高锁定效率。本书通过提炼我国医药制造企业客户转移成本的构成要素，构建了一套评价体系，发现我国医药制造企业客户转移成本主要由健康成本、心理成本和货币成本构成，其中健康成本影响最大，心理成本次之，货币成本影响最小。因此医药制造企业首要任务是提高药品品质，其次要注重提升品牌影响力，维持良好的客户关系，在此基础上，尽量创造价格优势。

6. 运用转移成本制定高科技企业客户锁定战略

打造品牌可以提高高科技企业的关系型转移成本。品牌信赖程度越深客户转移到其他产品供应商时的心理成本越大，转移倾向越低。技术锁定是在先进技术基础上将生产设备和工艺水平全面提高，提高高科技产品技术水平，在一定程度上增加客户学习成本，技术锁定对高科技企业实施客户锁定战略效果比较明显。客户忠诚是必不可少的环节，企业应该根据客户对企业忠诚程度的不同采用不同的营销策略，以更好地锁定客户。企业文化在一定程度上使客户认可企业的产品，从而被企业"锁定"，成为企业的忠诚客户。良好的企业形象可以提高客户转移到其他供应商的心理成本。利用大数据，精准锁定客户有利于维持稳定交易关系。同时，过度的锁定会产生一定的负面影响，如容易形成垄断，提高市场上其他高科技企业进入市场的壁垒，从而限制了客户的选择，这种操作容易造成商家在实际的经营中偏激使用"客户锁定"策略。只有基于社会责任感的客户锁定战略才能为企业带来持久繁荣。

本书在理论上揭示了转移成本和客户锁定战略坚实的时代基础，高科技企业在竞争规则、内容、方式和结果上的特殊性决定其在经营战略和商业模式方面具有创新要求，转移成本—客户锁定战略—商业模式创新的理论逻辑应运而生，回答了新时代新经济体创新运作模式的关键问题，进一步丰富了企业战略管理理论；实证了医药制造企业和共享单车企业的各类转移成本对客户锁定的影响效果，为高科技企业构筑转移成本、制定客户锁定战略、设计客户锁定型商业模式提供了经验借鉴。提出的增强品牌信赖程度、进行技术锁定、重视企业形象建设、利用大数据精准锁定客户以及勇于承担社会责任等战略建议，可供高科技企业制定决策做参考，内容具体、接地气、契合实际、针对性强、操作性好，具有较强的应用价值。

目　录

第一章　导论 …………………………………………………（1）
　第一节　研究背景 …………………………………………（1）
　第二节　研究目的及意义 …………………………………（4）
　　一　研究目的 ……………………………………………（4）
　　二　研究意义 ……………………………………………（5）
　第三节　国内外研究现状 …………………………………（7）
　　一　国外研究动态 ………………………………………（7）
　　二　国内研究动态 ………………………………………（11）
　第四节　主要内容、基本思路与研究方法 ………………（14）
　　一　主要内容 ……………………………………………（14）
　　二　基本思路 ……………………………………………（16）
　　三　研究方法 ……………………………………………（17）
　第五节　创新之处 …………………………………………（18）
　　一　转移成本领域研究方法的创新 ……………………（18）
　　二　微观主体战略行为视野的创新 ……………………（18）
　　三　理论逻辑链条递进延伸的创新 ……………………（19）
　　四　客户锁定战略制定范围的创新 ……………………（19）

第二章　高科技企业客户锁定理论基础及实践 …………… （20）

第一节　转移成本和客户锁定概念界定 ……………………… （20）
　　一　转移成本的定义 ………………………………………… （21）
　　二　转移成本的类型 ………………………………………… （23）
　　三　客户锁定的定义 ………………………………………… （26）
　　四　客户锁定的形成过程 …………………………………… （27）

第二节　转移成本和客户锁定相关理论 ……………………… （29）
　　一　路径依赖—锁定效应理论 ……………………………… （29）
　　二　客户忠诚理论 …………………………………………… （30）
　　三　网络经济理论 …………………………………………… （34）
　　四　报酬递增理论 …………………………………………… （38）
　　五　非摩擦经济理论 ………………………………………… （40）

第三节　转移成本与客户锁定理论在高科技企业中的运用 … （41）
　　一　转移成本与客户锁定实践起步晚发展快 ……………… （41）
　　二　运用转移成本和客户锁定理论瞄准客户 ……………… （44）

第三章　转移成本对高科技企业商业模式的重要影响 …… （47）

第一节　客户锁定效应的表现 ………………………………… （47）
　　一　沉没成本 ………………………………………………… （47）
　　二　机会成本 ………………………………………………… （48）
　　三　转移成本 ………………………………………………… （48）

第二节　转移成本与客户锁定息息相关 ……………………… （48）
　　一　转移成本与客户锁定的关系 …………………………… （48）
　　二　转移成本与客户忠诚度的关系 ………………………… （50）

第三节　高科技企业商业模式正在发生根本改变 …………… （53）
　　一　传统商业模式观念的转变 ……………………………… （53）
　　二　高科技企业面临新的商业模式 ………………………… （56）

三　转移成本下高科技产业创新商业模式的路径与策略 ……（60）
　第四节　转移成本在客户锁定商业模式中的运用 …………（62）
　　一　快的、滴滴的客户补贴与互联网产品营销策略 ………（62）
　　二　微信基于外接小程序的商业模式 ………………………（69）

第四章　转移成本与高科技企业的客户锁定机制 ……………（73）
　第一节　转移成本的基本原理 …………………………………（73）
　　一　转移成本的形成原理 ……………………………………（73）
　　二　转移成本的构成要素 ……………………………………（76）
　　三　转移成本的影响因素 ……………………………………（80）
　第二节　高科技企业竞争锁定的基本原理 ……………………（85）
　　一　高科技企业竞争锁定的类型 ……………………………（85）
　　二　高科技企业竞争锁定的特点 ……………………………（89）
　　三　高科技企业竞争锁定的条件 ……………………………（91）
　第三节　客户锁定的基本原理 …………………………………（96）
　　一　客户锁定原因 ……………………………………………（96）
　　二　客户锁定类型 ……………………………………………（97）
　　三　客户锁定策略 ……………………………………………（99）
　　四　客户锁定意义 ……………………………………………（100）
　第四节　客户锁定影响因素实证研究分析 ……………………（101）
　　一　客户锁定影响因素 ………………………………………（101）
　　二　客户锁定影响因素指标评价 ……………………………（102）
　　三　计量方法 …………………………………………………（107）
　　四　问卷设计 …………………………………………………（108）
　　五　高科技企业客户锁定因素实证分析 ……………………（109）

第五章　医药制造企业:客户转移成本构建与客户锁定策略 ……（115）

第一节　研究方法综述 ……………………………………（116）
　　一　变异系数法 ………………………………………（116）
　　二　熵值法 ……………………………………………（117）
　　三　主成分分析法 ……………………………………（117）
　　四　层次分析法 ………………………………………（118）

第二节　研究方法 …………………………………………（118）
　　一　计量指标选取 ……………………………………（118）
　　二　权重计量方法选择 ………………………………（120）

第三节　医药企业客户锁定因素实证分析 ………………（121）
　　一　建立递阶层次结构模型 …………………………（121）
　　二　构造成对比较矩阵 ………………………………（121）
　　三　计算权重并做一致性检验 ………………………（124）
　　四　结论 ………………………………………………（126）

第四节　医药制造企业客户转移成本构建策略 …………（127）
　　一　诚实守信,互惠互利 ……………………………（127）
　　二　结构合理,保证优势 ……………………………（128）
　　三　打造品牌,树立形象 ……………………………（128）

第六章　共享单车:转移成本和客户锁定视角下的营销对策 ………（129）

第一节　共享单车市场现状 ………………………………（130）
　　一　共享单车客户尚未被锁定 ………………………（131）
　　二　黏性客户发展空间大 ……………………………（133）

第二节　共享单车企业对比分析 …………………………（134）
　　一　用车成本对比分析 ………………………………（134）
　　二　共享单车企业经营比对分析 ……………………（136）

第三节　影响因子分析 ……………………………………（138）

一　建立层次结构模型 ……………………………………… (139)
　　二　建立判断矩阵 …………………………………………… (140)
　　三　矩阵的各层次单排序及一致性检验 …………………… (142)
　　四　共享单车企业竞争锁定总目标的层次总排序 ………… (143)
　　五　层次总排序的一致性检验 ……………………………… (143)
  第四节　对策建议 ……………………………………………… (144)
　　一　利用良好的骑行感受,提高客户转移成本 …………… (144)
　　二　增加解锁渠道,降低客户进入成本 …………………… (145)
　　三　利用网络的外部性,发挥报酬递增效应 ……………… (146)
　　四　利用大数据,合理投放共享单车 ……………………… (147)
　　五　开创后向收费模式供客户免费使用 …………………… (147)
　　六　情感营销,传递品牌价值观和理念 …………………… (148)
　　七　利用历史出行数据锁定客户 …………………………… (149)

第七章　高科技企业客户锁定战略制定 ……………………… (151)
  第一节　利用品牌定性定方向,提高客户心理成本 ………… (151)
　　一　品牌定性打造客户首选 ………………………………… (152)
　　二　品牌延伸合理扩大品牌宽度 …………………………… (154)
　　三　打造品牌效应,提高消费者产品感知质量 …………… (156)
  第二节　培养技术锁定能力,提高客户转移成本 …………… (156)
　　一　提高技术含量,走技术密集型产业道路 ……………… (157)
　　二　取得突破性技术创新,建立新的技术标准 …………… (158)
　　三　引进优秀人才,提高高科技企业创新驱动力 ………… (158)
  第三节　多元营销培育客户忠诚,提高关系型转移成本 …… (160)
　　一　提高不忠诚客户试用率和再购率 ……………………… (161)
　　二　提高虚假忠诚客户利益损失成本 ……………………… (161)
　　三　提高潜在忠诚客户心理损失成本 ……………………… (162)

四　提高忠诚客户转移成本 …………………………………… (162)
第四节　利用企业文化进行情感锁定 ………………………………… (163)
　　一　企业文化在不同产品生命周期中的建设途径 ……………… (164)
　　二　从理念、行为、品牌三个方面提高客户转移心理成本 …… (164)
第五节　利用网络外部性锁定市场 …………………………………… (165)
　　一　深度挖掘消费者需求,实行差异化竞争 …………………… (165)
　　二　分析潜在需求,影响客户做出购买决策 …………………… (166)
　　三　加快产业融合和企业合作,快速形成网络正效应 ………… (168)
　　四　通过市场定价快速锁定市场 ………………………………… (168)
　　五　扩大用户规模 ………………………………………………… (169)
第六节　利用大数据,精准锁定客户降低企业经营成本 …………… (169)
　　一　利用大数据,精准锁定客户 ………………………………… (170)
　　二　利用锁定避开竞争,维持稳定交易关系 …………………… (171)
第七节　强调企业社会责任,实现锁定的可持续 …………………… (172)
　　一　锁定既要符合客户真实需求,又要符合企业特点及
　　　　方向 ……………………………………………………………… (172)
　　二　违背社会道德的锁定势必"不经济" ……………………… (172)
　　三　企业发展要承担社会责任 …………………………………… (173)
第八节　提升高科技企业市场竞争力,增强实体经济吸引力 …… (176)
　　一　完善知识产权保护体系,激励更多企业成为科技研发
　　　　创新的主体 …………………………………………………… (177)
　　二　保护和弘扬企业家精神,激发高科技企业创新创业
　　　　积极性 ………………………………………………………… (178)
　　三　发挥产业集群优势,挖掘高新园区潜力 …………………… (178)
　　四　注重高科技企业的管理创新,增强可持续发展能力 …… (179)

第八章 研究结论与展望 ………………………………… (180)

第一节 研究结论 ……………………………………… (180)

一 高科技产品具有较高的转移成本,与一般传统产品
有所区别 ……………………………………………… (180)

二 构建高科技产品转移成本至关重要,有利于高科技
企业锁定客户 ………………………………………… (181)

三 提高转移成本、实施客户锁定,需要结合企业特点 … (182)

四 转移成本各因素在客户锁定效应所占权重检验
——以医药企业为例 ………………………………… (182)

五 转移成本各因素对客户锁定的影响经得起检验
——以共享单车为例 ………………………………… (183)

六 高科技企业运用转移成本建立客户锁定商业模式时
要承担社会责任 ……………………………………… (184)

第二节 研究展望 ……………………………………… (185)

一 实证分析可进一步深入 ……………………………… (185)

二 对分享经济背景下转移成本和客户锁定作用机制
进行研究 ……………………………………………… (186)

三 对其他类型的企业转移成本和客户锁定机制进行
更广泛的研究 ………………………………………… (186)

四 不同经济背景下转移成本和客户锁定的作用机制
和实证的差异研究 …………………………………… (187)

附录 ……………………………………………………… (188)

参考文献 ………………………………………………… (221)

第一章 导论

第一节 研究背景

本书是在知识经济的时代背景下提出的，传统的农业经济、工业经济正逐步被以高科技为主导的知识经济所取代。知识经济正日益成为主要的世界经济形态，作为知识经济背景下市场的主体，不同国家的高科技企业提出了众多的经济发展规划，而"互联网+"和"工业4.0"是提升高科技企业竞争力最为重要的两个战略计划。"互联网+"和"工业4.0"都是发展以高新技术为中心的战略，两大战略实现的重要主体都是高科技企业，而提高国家竞争力，实施可持续发展的一项重要课题便是促进高科技企业的发展。2015年3月李克强总理在第十二届全国人民代表大会上首次提出了"互联网+"的行动计划。"互联网+"是一种新的经济形态，是将传统行业和互联网行业相结合，充分发挥互联网在资源配置中的优化作用，从而提升经济实体的生产力和创新力，形成更广泛的以互联网为基础设施和实现工具的经济发展新形态。德国为了提高德国工业的竞争力，使其在新一轮工业革命中领先其他国家，在2013年4月的汉诺威工业博览会上由德国联邦教育局及研究部和联邦经济技术部联合资助，投资达2亿欧元的"工业4.0"战略正式提出。中国作为发展中国家的一员也积极响应了德国提出的"工业 4.0"战略，其中一部分内容记载在《中德合作行动纲要》中，是"中国制造 2025"既定方略的重要借鉴。"工业 4.0"是指利用物联信息系统（Cyber-Physical System，简称 CPS）将生产中的供应、制造和销售信息数据化、智慧化，最后达到快速、有效、个人化的产品供应。它主要包括三大主题：智能工厂、智能生产和智能物流。随着全球经济一体化、信息化、网络化的发展，"互联网＋"和"工业 4.0"是当今中国推动社会变革，实现创新驱动发展"新常态"的重要途径之一，而这两大战略的中心都是高新技术的创新应用，高科技企业作为拉动经济增长的动力源泉，势必成为经济增长的领军主体。2015 年 1 月 30 日在北京召开的"2015 大数据环境下企业战略管理与知识服务峰会"提出了在"互联网＋"和"工业 4.0"的时代潮流驱动下高科技企业研究和创新战略管理的迫切性问题。

　　本书不仅顺应高科技企业发展的现实需要而生，还具有理论研究的现实基础。国内把高科技企业又称为高新技术企业，根据 2008 年《高新技术企业认定管理办法》，国家重点支持的高新技术领域由高技术服务业、航空航天技术、新能源及节能技术、电子信息技术、生物与新医药技术、新材料技术、资源与环境技术和高新技术改造传统产业八大行业组成。如此多领域的高科技企业之间的竞争也日趋激烈，因此对企业竞争锁定战略的全面研究和分析显得十分必要。

　　国内高科技行业总体发展形势近年来一直都很不错，高科技企业蓬勃发展，不少国内高科技企业也在全球经济发展舞台上发挥重要作用。但是高科技企业要想不断发展壮大并取得长远的发展，在经济全球化竞争的浪潮中立足，不仅需要企业自身拥有较强的高科技竞争实力，还需要企业有一个有益于企业可持续发展的战略计划。纵观全球，不少高科技企业都利用转移成本对客户进行锁定并且取得了一定的成绩，给我们的研究也带来了切实的可供参考的案例。例如小米公司的生态圈的商业模式，通过客户调查，发现小米公司迅速发展壮大的一个重要原因是小米公司的客户忠诚度比较高，拥有一批忠实的米粉客户。研究者还对小米公司除手机以外的一项核心业务——MIUI进行了研究分析，MIUI不仅仅是小米给予安卓系统的一种手机UI设计，同时客户也可以在MIUI论坛发表对手机的使用感受及互相交流用机的心得，小米公司也会尽量站在使用者的角度去解决客户的问题并满足客户提出的要求，使客户实实在在地感觉到贴心的好服务，增强了客户和企业之间的黏性；同时小米公司也着眼于整个产品生态圈的发展，小米盒子、小米电视、小米音响、小米监控、小米空气净化器、小米路由器等，以及逐步建立起的客户服务体系等，使客户的转移成本增加，从而达到客户锁定的目的，这样使得企业实现快速良性的发展。腾讯旗下的微信也通过建立转移成本来对客户进行锁定，微信上的一系列服务皆有利于使客户忠实于微信，比如各个微信公众号的服务，使得一些小企业能够利用微信的巨大用户平台将自己的产品展示给更多的客户，从而大大增强了这些企业对微信的依赖性。此外，微信通过外接移动小程序将如医院挂号、生活缴费、滴滴打车、出入境护照办理等生活服务的功能加进来，不仅有利于完善自己的产品体系，也能进一步加强自己的产品与客户之间的联系。2014年微信引入我国春节时期发红包这一功能，加强客户之间的互动性，使其娱乐性更强，强大的社交功能也让一些微商积极参与，使得网上购物市场充满活力，客户得以使用微信支付，以此在移动支付市场上又拥有了一定的市场，微信的这一系列服务使客户加强对微信使用的依赖感，将客户牢牢地锁定在自己的产品服务中。阿里巴巴公司的支付宝和淘宝的一体化无缝连接服务，以及支付宝推出的口碑、蚂蚁森林、电子公交卡、消费返奖励金制度等一系列服务均给客户筑造了高额的转移成本，使客户忠实于阿里巴巴的各项服务产品，让以Apple Pay为代表的国外支付方式无法在国内进行有效的正面的激烈竞争，如今支付宝在移动支付市场上独占鳌头。日渐兴起的共享单车，在逐步走向成熟的过程中，依靠传统的低成本战略已不能形成有效的客户锁定，因此客户锁定必然成为各个共享单车公司竞争战略的主要问题。Mobike 共享单车在最开始时实行骑行抽随机金额红包的策略。ofo 共享单车致力于各个活动，在周末骑行免费，遇到重要的节假日采取假日免费骑行的方式，在 2017 年的高考期间推出助力高考的活动。为了抓住年轻人的猎奇心理，ofo 还推出了小黄人版的小黄车，受到了年轻人的广泛喜爱。Hellobike 则是采用集卡分红包的方式，每次骑行得到一张卡片，集齐一定的卡片就能得到一定金额的奖励。这些活动和奖励无不使客户的转移成本增加，锁定了一部分单车使用客户。

针对高科技企业锁定战略的研究分析，有助于缩小发展中地区与发达地区企业市场竞争的差距，提高国内高科技企业整体的经济收益。由于地理位置差异和历史发展的原因，我国东部地区成为高科技企业、科研人才聚集地，经济各项指标遥遥领先中西部地区。尽管在中西部地区某些高科技企业在人才队伍和科研项目开发上具有非常强的竞争力，但由于缺乏有效的公司管理机制，企业发展成长期或成熟期市场占有率和客户数量不断下降，直至被市场淘汰。整体来说，高科技企业整体市场竞争激烈，市场竞争优势时效性强，针对高科技产品的需求客户进行锁定是各企业市场经营策略中的重中之重。

第二节 研究目的及意义

一 研究目的

选择以"高科技企业的客户锁定机制和战略研究"作为研究课题，主要是因为在知识经济的背景下，随着我国市场经济体制的不断完善和对外开放程度越来越深化，企业家们不得不思考如何转变和调整企业经营机制、竞争战略和商业模式。面对跨国公司带来的竞争压力和海外投资数额的快速增长,国内企业,尤其是作为知识经济产业支柱群体的高科技企业,必须面对高科技企业成长和淘汰的残酷选择,以适应高科技企业激烈的市场竞争环境。

锁定的概念被广泛应用于计算机、医学、电子信息、管理学、经济学等领域,本书从管理学角度探讨的锁定,是通过提高客户转移成本和客户黏性的一种客户关系管理模式,制定符合企业发展现状和发展要求的客户锁定策略,从而提高企业的客户锁定能力和经营管理质量,促进高科技企业的快速发展。

二 研究意义

现如今,高科技产业是经济发展的动力源泉,其发展加快了我国产业结构转型升级的实现速度。其发展与国家的前途命运密切相关,而客户锁定已经成为各行各业创造竞争优势的主要途径之一,尤其是高科技企业。自从第三次工业革命以后,高科技在生产要素中就起着第一位的作用,高科技对国家的经济、社会、军事乃至政治都有巨大的影响,国家各行各业的进步也离不开高科技的作用。可以说,当前国家之间的竞争,就是高科技的竞争。伴随着国内工业化进程的不断深入,在我国经济内生增长要素中,高科技企业的核心地位日益明显。高科技企业作为创新高科技的主体之一,其发展深刻地影响着国家的进步,为高科技企业制定有效的客户锁定策略将帮助高科技企业创建竞争优势,提升整个高科技行业的竞争力,推动国家进步。融入经济全球化的 FDI 吸引政策在一定程度上导致了本土企业技术的"低端锁定",不计其数的本土企业被贴上"中国制造"的标签,却缺乏在全球高新技术领域占有主导地位的企业,其高科技企业竞争力相对较弱。跨国公司仍然是全球高科技产业的经济主体,当跨国公司进入国内高科技产业领域,会对本国高科技企业的创新技术产生一定的负面影响。

首先，跨国公司资金一般较为雄厚，其 R&D 经费投入力度较大，R&D 从业人员数量较多，跨国公司产品会将部分本国高科技产品长期锁定在低端品牌行列，给本国高科技企业生存带来压力；其次，跨国公司管理经验较为丰富，对于市场竞争经验充足，早就习惯了世界高科技市场的激烈竞争，深谙其道；最后，高科技企业产品的规模报酬递增效应尤其明显，跨国公司具有很强的先发优势，由此给本国高科技企业走出国门增大难度。发展客户忠诚是企业在供大于求的买方市场条件下，规避风险获取收益的有效途径，尤其是对于高收益与高风险并存的高科技行业而言，发展客户忠诚尤为重要。结合高科技企业的竞争规律，从战略层面利用高科技行业报酬递增的特性锁定客户，一方面能帮助高科技企业持续稳定地获取市场回报；另一方面，收益递增的特性在一定程度上激励企业进行技术创新，因为高科技企业研发经费较高，企业初期固定成本较大，但是后期的收益是递增的。客户是否被锁定，从最终客户的选择就能清晰获知，但客户被锁定的程度却很难通过观察得出结论。技术标准、网络的外部性、优惠特权、价格优势都能在一定程度上影响客户的转移成本的大小。因此企业有必要对转移成本进行量化分析，以衡量客户被锁定的程度。只要能确定转移成本各因素在客户锁定效应中所占的权重，就能为高科技企业有效构建转移成本提供科学的决策依据。

  客户是企业最具价值的资产之一，也是企业长期利润的来源。研究证明，对于任何企业而言，同等条件下，吸引新客户的成本比维持老客户的成本要大得多，老客户对于企业收益的贡献程度也远大于新客户，当企业同老客户进行交易时，双方的交易风险较小，交易收益更稳定。而且老客户作为企业的稳定客户群，有利于企业拓展业务，能给企业带来源源不断的长期利润。如果企业拥有一定规模的存量老客户，那么当潜在竞争者试图进入市场时就存在较高的进入壁垒。

  高科技企业的发展不仅关系着企业的前途，也关系着国家的命运。

随着社会的发展，各行各业的管理者都意识到客户锁定能给其创造出竞争优势。高科技从第三次工业革命开始，一直在企业生产要素权重中占据第一。一国高科技企业的发展影响着该国的经济、军事、社会及政治，国家的进步离不开高科技的发展。从转移成本和锁定理论视角制定企业战略，既有利于高科技企业创造竞争优势，又能推动高科技企业所在国家或地区的经济发展。

基于以上分析，本书结合锁定理论和国际先进经验，从转移成本的视角出发，针对客户锁定战略模式对转移成本构成要素与作用机制进行多案例的实证分析，量化转移成本的诸多因素对客户锁定效果的影响，最后提出高科技企业客户锁定战略模式。本书的研究有利于转移成本和锁定效应的理论创新，也可为我国高科技企业延长产品生命周期和提高企业经营能力提供参照，进而提升我国高科技产业的经济产出绩效和竞争力。因此，本研究具有重要的理论和现实意义。

第三节 国内外研究现状

一 国外研究动态

20世纪80年代后期，国际上有学者开始开展转移成本和锁定理论的研究。Janssen等（1999）指出锁定是指一个特定的产品或技术主导市场，而其他产品实际上不可能再进入市场的现象。最早提出锁定相关概念的是 W. Brian Arthur（1983，1989），W. Brian Arthur认为锁定与技术密切相关。新经济背景下，企业的发展与传统经济模式下有所不同，具体表现为，企业在技术锁定上的程度差异，导致企业的收益递减规律存在不同；尤其是在新经济背景下，被率先采用的技术在正反馈机制作用下，可以提前锁定部分客户，即使该项技术可能是劣等技术。Klemperer（1987）与 W. Brian Arthur 的研究切入点不同，Klemperer 从转移成本视角开展研究后认为，限制客户是否转移到其他供应商的关键是客户转移所发生的成本与客户转移后的利益大小的关系。Klemperer 是首批对转移成本进行分类的代表人物之一，他认为转移成本可以被细分成若干种构成成本，如进行交易时的交易成本、使用时的学习成本、贯穿始终的人工及合同成本。在 Klemperer 看来，转移成本的构建实质是给同质化产品带来差异，使企业能够成功锁定现有的存量客户[①]。在 Klemperer 的基础上 Guiltnan（1989）、Thibault 和 Kelley（1995）、Burnham（2003）等也陆续开始进行转移成本分类的研究。

Carl Shapiro 和 Hal Varian（2000）认为客户从某品牌或产品转移到其他品牌或其他产品时因转移代价过高，面临转移不经济被迫放弃转移的局面时，说明客户已经被锁定[②]。T. G. 勒维斯（2000）研究表明，企业锁定客户的目的是占牢、扩大市场份额，锁定客户的过程实质就是参与市场竞争的过程，基于这个视角，提出了"锁定"的概念[③]。卡尔·夏皮罗等（2000）在针对锁定形成的成因研究上，提出锁定除了受转移成本的影响还受交易双方信息对称程度的影响，掌握信息程度的高低影响了客户是否能正确做出转移决策。卡尔·夏皮罗等的研究为本书提取高科技企业客户锁定的影响因素提供了参考[④]。

Andrensen 针对医疗服务市场调查了市场结构对客户转移行为的影响，由于医疗市场供应者数量少，医疗服务信息有限且不透明，许多患者在心理上表现出对更换医生的抵触，即感知的转移成本很高。除

[①] Klemperer, P., Markets with Consumer Switching Costs, *Quarterly Journal of Economics*, 1987, (102): 375–394.

[②] Carl Sharpiro and Hal Varian, *Information Rules: A strategic Guide to The Network Economy*, Boston: Harvard Business School Press, 1998: 32–48.

[③] [美] T. G. 勒维斯：《非摩擦经济：网络时代的经济模式》，卞正东等译，江苏人民出版社 2000 年版。

[④] [美] 卡尔·夏皮罗等：《信息规则：网络经济的策略指导》，张帆译，中国人民大学出版社 2000 年版。

了客户感知的不确定性和市场结构外,竞争的强度等忠诚计划也增加了感知的和实际的转移成本。因此,服务业中转移成本与客户锁定是高度正相关的[①]。

整体而言,国外虽较早就开展了关于"锁定"的研究,但研究成果还不是特别丰富,大多数国外学者常用"客户保持"来说明"客户锁定"。虽然很多相关国外文献关于"客户保持"的研究内容、方式与"客户锁定"的研究十分相似,甚至部分直接进行等价替换,但我们认为二者虽然相似,却有不同。虽然国外存在大量关于"客户保持"的研究文献,但专门研究"客户锁定"的文献并不常见。

本书研究"客户锁定"的影响因素受希尔(Charles W. L. Hill)、琼斯(Gareth R. Jones)等(2008)以客户为中心的启发,在其《战略管理》一书中所涉及的技术标准、网络效应等内容为我们的研究提供了支撑。

Richard Bell 与 Richard Cuthbertson(2004)认为客户忠诚度在一定程度上左右着客户锁定程度,本书从客户忠诚视角构建客户锁定策略也是受他们提出的客户忠诚计划的影响。除了客户忠诚计划,Richard Bell 与 Richard Cuthbertson 还提出了利用品牌构建策略培育客户忠诚。

Zauberman 认为客户不能预见转移成本是造成客户被锁定的主要原因之一[②]。以美国为主的学者在微软诉讼案后开始从公共政策角度研究政府对锁定的影响。Burnham(2003)基于电话服务行业和保险行业转移成本的分类展开了调查研究。研究表明,市场特性、客户投入和行业消费经验构成了转移成本影响客户转移的三种因素。市场特性代表产品复杂化与差异化程度;客户投入主要包括企业针对客户的定

[①] Eugene W. Anderson、Claes Fornell、Donald R. Lehmann、刘金兰、康键:《顾客满意度、市场份额与利润率的关系——来自瑞典的发现》,《管理学报》2005 年第 1 期。

[②] Zauberman G., The Inter temporal Dynamics of Consumer Lock-In, *Social Science Electronic Publishing*, 2003, 30(3): 405 – 419.

制化修改程度和客户对于企业投入的深度广度；行业消费经验，主要是指客户产品转换经验和了解经验[①]。Bell、Simon（2006）转变了影响因素研究的思路，从前置影响因素进行突破，他补充了三个影响转移成本的因素，分别是客户的奖励、卖方适应和客户投入。Bell、Simon（2006）的研究表明，卖方的投入与买方转移成本有关，且呈现出的结论是卖方为买方投入得越多，买方转移时成本越大，被锁定的程度就越高。

Paea、Hyunb（2006）以高科技企业市场为研究对象，将影响客户转移成本的因素分为三种，分别是技术提前告知、更新性、相容性。Paea、Hyunb（2006）认为相容性、技术提前告知对高科技转移成本的影响是正向的。Whitten、Wakefield（2006）通过对软件行业的研究把转移成本定义为客户与企业结束交易关系时需要承受的金钱损失[②]。Arrell 和 Klemperer（2007）研究认为，转移成本在不兼容或兼容性较小的行业锁定效果更明显，针对这类行业，过高的转移成本能够限制潜在竞争对手进入市场，避免了激烈竞争。因此 Arrell 和 Klemperer 也呼吁政府应大力推行兼容的公共政策，减少其他企业进入此类市场的壁垒。Fank（2007）提出了文化对锁定的影响，如客户选择食物口味受客户个体差异和文化偏好不同的影响，Fank 认为文化可以改变个体消费习惯，消费习惯又可以形成路径依赖，从而造成锁定。Dolfsma 和 Leydesdorff（2009）认为路径依赖造成了锁定。大部分的路径依赖更偏好于称为"自动贩售机式的锁定"，该定义为，"客户在 A 自动贩售机上购买产品或服务不会随意改换到 B 自动贩售机，如果这种改变会产生转移成本。即使消费环境发生改变，客

[①] Burnham T. A., Frels J. K., Mahajan V., Consumer Switching Costs: A Typology, Antecedents, and Consequences, *Journal of the Academy of Marketing Science*, 2003, 31 (2): 109.

[②] Whitten D., Wakefield R. L., Measuring Switching Costs in IT Outsourcing Services, *Journal of Strategic Information Systems*, 2006, 15 (3): 219 – 248.

户未来的选择也会受过去选择的限制"。路径依赖可以理解为消费者存在"认知锁定"。Arthur（1989）、Murray 和 Margolis（1995）、Murry 和 Haubl（2007）的研究中都谈及"认知锁定"这一概念。"认知锁定"是指客户在选择相似产品或重复购买相同产品时更倾向于选择经常购买的产品。这种认知锁定与熟悉效应或者习惯很相似。Brustein（2010）认为，社会关系被脸书（Facebook）锁定，因为当下没有相似的其他选择出现。

综上可知，国内外学者对于转移成本是导致客户锁定的主要原因之一的观点已经形成共识。

二 国内研究动态

国内学者结合中国企业的市场实践，围绕锁定的机制、实证及管理启示展开研究。沿着"收益递增—路径依赖—赢家通吃—锁定"的逻辑，分析技术锁定的传导机制、演化过程及企业应对策略，代表学者有谢科范（1999）、李明等（2010）、刘怀伟等（2003）、王国才等（2004），认为网络外部性和兼容性对客户产生转移成本，转移成本对客户产生锁定效应，从而影响企业竞争战略，企业在利用锁定机制建立客户网络时，需要预先规划锁定周期，评估网络的投入成本和收益，采取各种策略吸引客户入网。对锁定的实证研究主要集中在信息技术行业：谭劲松等（2006）、黄爱白（2008）分别对电信行业标准竞争、B-C 网络客户锁定进行了实证研究，得出的结论是高科技企业的行业标准就是技术标准，其战略任务是获得最大的客户数量，推进递增收益过程，建立自我增强的客户和配套产品供应商群体；李明、王云美和司春林（2010）从锁定效应角度分析了我国企业技术创新过程中的困境及成因，并提出了帮助企业走出困境的策略。南晓芳、王红刚等（2012）将转移成本区分为内生转移成本和外生转移成本，指出内生转移成本是指不受企业决策影响的转移成本，如政府限制；而外生转移成本是指直接受企业决策影响的转移成本；彭思偲（2011）对我国3G电信运营商的实证研究表明，转移成本对锁定客户具有重要意义，而3G产业的特性决定了它存在转移成本，能对客户产生锁定效应；吕本富（2003，2005）、董佺（2008）等分析了转移成本的类型、客户反锁定策略和政府反垄断方法；蒋传海（2010）以寡头企业为对象，以霍特林模型为基础，研究了企业价格竞争，得出结论：存在转移成本的产品可以向被锁定的客户收取更高的费用，但由于客户的偏好变化，部分锁定、部分转移的情况仍会发生；桑辉（2007）以网上银行为研究对象，运用结构方程模型实证研究了影响网上银行转移成本的主要因素分别是产品异质性、产品复杂性、相关经验、在线关怀性、在线便利性、消费者使用的宽度和广度，这六个影响因素正向影响三种（金钱型、程序型和关系型）转移成本[①]。郭海昕、王华等（2010）的研究表明，企业组织管理能力和研发投入是影响高科技企业技术创新的重要因素，企业自生能力对高科技产业成长至关重要；胡蓉、董媛等人（2009）针对客户锁定理论展开研究，得出以下结论：第一，客户锁定有利于企业塑造良好的市场形象，获得竞争优势；第二，客户锁定有利于企业扩大客户规模，扩大市场份额；第三，技术优势有利于客户锁定；第四，客户锁定受网络外部性的影响。蒋帅（2009）结合转移成本和客户锁定理论得出结论：转移成本使原本同质化的产品产生差异，客户会根据体验选择产品。在进行实际研究中，蒋帅将转移成本分为交易过程中的交易成本和人工成本、合同成本，以及使用过程中的学习成本，为本书从转移成本角度研究其对客户锁定的具体影响提供了参考。周彦莉等（2017）认为对于市场锁定现象的研究

[①] 桑辉：《网上顾客转换成本的影响因素及其结果的实证研究》，《南开管理评论》2007年第6期。

可以从消费者决策视角展开，并将目前关于市场锁定现象影响因素归纳为消费者前期选择、预期收益和转移成本三大类，它们是市场锁定现象发生与否的决定性因素。王琴（2002）针对转移成本的分析，为本书计算转移成本对客户锁定的影响提供了易观测的中介变量。周彦莉等（2017）认为转移成本是指客户由于发生产品消费转移而产生的成本损失。这类损失一般包括因为不再消费原产品造成的与原有产品消费价值等值的损失，还有使用新的生产产品可能遇到的各种学习成本和使用风险，以及新产品可能带来的经济损失。

陶爱萍、汤成成、洪洁银等（2013）提出了行为发生的秩序，使客户在再次交易时，即便出现比原始选择更有利的选择，也一如既往地坚持原有选择。王琴（2003）提出：客户锁定是指经济主体为了特定目的，在特定交易领域，通过提高对方转移成本的方式，对交易伙伴所达成的排他性稳定状态。在具体的商业行为中，锁定状态表现为锁定主体对客体的获得和保有。王琴（2003）认为客户锁定不仅限制客户下次是否更换供应商，也一定程度上限制了潜在竞争对手进入市场，瓜分利益。毛中明等（2007）认为市场锁定是指一种产品或服务因为短期内在市场上占据相对竞争优势，从而在自我强化机制的作用下，使这种产品或服务在以后相当长的一段时间内保持市场竞争优势的一种现象，产生这种现象的原因往往是客户面临较高转移成本，即购买者将业务从一家企业转移到另一家企业所付出的代价。谢科范、罗险峰（1999）改善了阿瑟模式，认为技术创新机制是一定时期内保持企业相对竞争优势的主要原因之一[①]。丁涛、刘霞（2006）认识到不同经济规律会给锁定带来不同的性质，而与传统经济不同的网络经济更是为锁定效应的体现提供了巨大的舞台[②]。桑辉（2007）顺应当

[①] 谢科范、罗险峰：《企业寿命周期分析》，《武汉理工大学学报》（信息与管理工程版）1999年第6期。

[②] 丁涛、刘霞：《网络经济下的锁定成因及其反锁定策略》，《现代情报》2006年第1期。

今网购大趋势，对转移成本类型、大小与客户忠诚度进行实证分析，认为转移成本与客户忠诚度有关[1]。随后董佺（2008）从博弈论和竞争战略研究视角出发，研究企业间的市场竞争，认为转移成本在企业开展竞争前期，能加剧市场竞争。通过分析企业之间的市场效果和福利后果，认为在竞争初期高转移成本可能激化企业间的竞争程度[2]。汪旭晖和徐健（2008）探讨了网上客户满意—忠诚之间的调节作用[3]。

转移成本和客户锁定理论经过学术界和商界多年来共同的研究，已初步形成系统。针对相关资料文献梳理发现，目前对于转移成本的研究多是从转移成本的类型、影响因素、作用机制进行，侧重研究服务业，比如银行业、零售业、通信业等。毫无疑问，转移成本不仅与行业类型有关，也与行业客户类型有关，很多转移成本难以直接观察到，需要研究人员进一步探索。

总之，国内外学者针对企业采用的不同的锁定技术，展开转移成本类型、转移成本的作用机制及原理、锁定周期、客户锁定策略、反锁定与反垄断等方面的研究已经取得了丰富的成果，为本书奠定了良好的理论基础。

第四节　主要内容、基本思路与研究方法

一　主要内容

本书从我国高科技企业客户转移成本和锁定特征入手，建立转移

---

[1] 桑辉：《网上顾客转换成本的影响因素及其结果的实证研究》，《南开管理评论》2007年第6期。

[2] 董佺：《战略锁定与企业间同时行动博弈——基于转换成本角度的分析》，《财经问题研究》2008年第2期。

[3] 汪旭晖、徐健：《基于转换成本调节作用的网上顾客忠诚研究》，《中国工业经济》2008年第12期。

成本下的高科技企业客户锁定评价指标体系和客户锁定效果评价模型，并运用多案例分析法进行实证研究，提出适合高科技企业的客户锁定战略模式。全书共分八章。

第一章为导论。深入分析转移成本和客户锁定机制、意义以及国内外的研究现状，并阐述了本书的研究思路、研究结构和研究方法，为本书的研究展开奠定了基础。

第二章为高科技企业客户锁定理论基础及实践。首先解释了转移成本和客户锁定的基本概念，对学术界有关转移成本和客户锁定机制的概念界定和内涵进行了整理归纳；其次梳理了有关转移成本和客户锁定的相关理论。主要包括路径依赖—锁定效应理论、客户忠诚理论、网络经济理论、报酬递增理论和非摩擦经济理论。最后以即时通信软件为例，对高科技企业经营现状与转移成本和客户锁定理论的瞄准进行了分析。

第三章为转移成本对高科技企业商业模式的重要影响。本章主要是探索转移成本和客户锁定型商业模式的相关联系，在这种新的联系下分析高科技企业的客户锁定的商业模式，最后通过快的、滴滴的客户补贴与互联网产品营销策略和微信基于外接小程序的商业模式来分析转移成本对高科技企业商业模式的影响。

第四章为转移成本与高科技企业的客户锁定机制。首先分析了高科转移成本及其竞争锁定的形成原理，随后从客户锁定的原因、类型、策略和意义等方面来细致地探讨客户锁定的基本原理，最后根据影响客户锁定的转移成本、信息不确定性、技术优势和网络效应这四个因素来进行实证分析，在相关理论的基础上提出针对高科技企业发展的启示。

第五章为医药制造企业：客户转移成本构建与客户锁定策略。本章基于转移成本的视角，对医药企业客户锁定机制进行了研究，运用层次结构模型量化分析了货币成本、心理成本、健康成本等不同因素对医药客户做出转移决策的影响程度,在现有研究结果的基础上,提出医药企业构建转移成本提高客户锁定率的对策与建议。

第六章为共享单车:转移成本和客户锁定视角下的营销对策。分析了共享单车的发展现状,针对转移成本中的心理成本、利益损失型成本、关系成本的影响作用提出了通过构建转移成本提高共享单车客户黏性和客户规模的对策和建议。

第七章为高科技企业客户锁定战略制定。本章总结了全书提到的基于转移成本提高客户锁定效果的案例的经验,总结高科技企业制定提高客户锁定机制的方法,使高科技企业提高客户转移成本战略具有针对性和真实可行性,以供高科技企业借鉴。

第八章为研究结论与展望。由于高科技产品较一般产品具有更强的复杂性、时效性、特殊性,而且高科技企业市场竞争变化激烈,所以我们的成果可能仍存在不足,需要进一步完善。

二 基本思路

本书的核心内容是分析高科技企业转移成本对客户锁定的影响,主要包括理论分析和多案例实证分析两个方面。在综述大量文献的基础上,建立转移成本下的高科技企业客户锁定评价指标体系,构建基于层次分析法(AHP)和熵权法的客户锁定效果模糊评价模型。在实地调查获取第一手数据资料基础上,运用客户锁定效果模糊评价模型验证转移成本的诸多因素对客户锁定的影响。主要研究思路如下:

(1)高科技企业客户转移成本和锁定的特征分析。结合我国高科技企业的发展状况,指出和传统企业相比,我国高科技企业客户具有转移成本和锁定的特征。

(2)构建客户锁定效果模糊评价模型并进行效果评价。建立转移成本下的高科技企业客户锁定评价指标体系,构建基于AHP和熵权法的客户锁定效果模糊评价模型,分析高科技企业客户转移成本和锁定的传导机制,评价高科技企业客户转移成本对客户锁定的效果。

(3) 高科技企业客户锁定多案例分析。遴选典型企业和代表产品,运用客户锁定评价指标体系和客户锁定效果模糊评价模型验证高科技企业客户转移成本对客户锁定的作用。

(4) 高科技企业客户锁定战略模式研究。在高科技企业多案例实证分析的基础上,提出适合高科技企业的客户锁定战略模式。

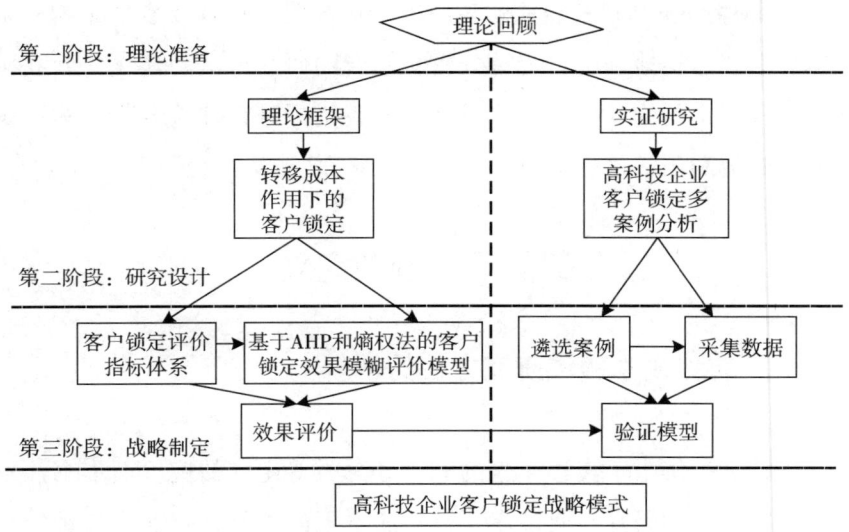

图 1-1 本书研究基本思路

三 研究方法

1. 多案例研究法。对即时通信行业和医药制造业等高科技企业及产品进行多案例研究。

2. 跟踪研究法。对初现锁定效应的企业进行跟踪研究。

3. 信度效度分析法。在转移成本导致客户锁定的假设前提下,对高科技企业的客户进行问卷调查，用信度效度分析法对调查问卷问题设置的有效性和答卷的可信度进行分析。

4. 基于 AHP 和熵权法的客户锁定效果模糊评价方法。建立转移成本下的高科技企业客户锁定评价指标体系，打破了传统 AHP 和熵权法存在的局限性，在 AHP 的基础上利用熵权法修正各项指标的权重，最后采用模糊综合评价方法构建客户锁定效果模糊评价模型。综合评价公式为：$R = A \times \{(B_1, B_2, \cdots, B_i)\} = \{(b_1, b_2, \cdots, b_j)\}$。

5. 科学分析高科技企业转移成本的构成，评价各要素的影响，采用问卷调查、实地调研及定量分析相结合的研究方法，建立一套我国客户转移成本的构成体系，并对其中的各指标进行评价分析，为我国高科技企业利用转移成本锁定客户提供参考。

第五节　创新之处

一　转移成本领域研究方法的创新

以往文献集中于转移成本的概念和分类等定性研究，而本书注重转移成本的量化研究。通过建立转移成本下的高科技企业客户锁定评价指标体系，将熵权法和 AHP 相结合确定其指标权重，量化锁定程度，提高锁定效率。

二　微观主体战略行为视野的创新

以往文献专注于作为微观主体的企业内部战略行为研究，而本书是中、微观结合，将高科技企业置于全球背景之中，分析了企业客户锁定战略行为的必要性。

三 理论逻辑链条递进延伸的创新

以往的文献将客户锁定作为企业的最终目标，而本书则揭示了转移成本、客户锁定与商业模式创新三者之间的内在联系，将"转移成本—客户锁定"的理论逻辑链条递进至"转移成本—客户锁定—商业模式创新"。

四 客户锁定战略制定范围的创新

以往文献着重对信息产业的客户锁定方法进行研究，而本书将客户锁定战略制定的依据扩展至医药制造和共享经济领域，从医药制造企业和共享单车企业的案例实证中探寻客户锁定战略的制定方法。

第二章 高科技企业客户锁定理论基础及实践

第一节 转移成本和客户锁定概念界定

当一种技术（或产品）主导了市场，成为事实标准时，新技术（或产品）很难成功地被引进并取代原有的技术（或产品）。简言之，当一种品牌技术转移到另一种品牌技术的成本非常高时，客户就面临着锁定，这种成本也就是转移成本。正如《哈佛商业评论》[1]所言：吸引一个新客户的成本是维持一个老客户成本的五倍，企业可以通过维持与老客户的关系降低企业管理成本，提高市场竞争力。菲利普·科特勒认为可以通过提高产品价值和客户转移成本两个途径来提高客户对企业的忠诚。[2] 转移成本使客户感知到若其一旦转移到其他企业就意味着需要放弃他们在初始企业所获得的利益，此外若其转移成本大于转移后收益时，客户则会放弃转移。

蒋传海和夏大慰认为在产品或服务同质化程度最高时客户的转移成本更小，此时新企业更容易进入市场[3]。岳中刚针对转移成本对银

---

[1] Robert C. Blattberg, John Deighton: Manage Marketing by the Customer Equity Test, *Harvard Business Review*, 74 (4): 136 – 44, July 1996.
[2] ［美］菲利普·科特勒：《营销管理：分析、计划、执行和控制》（第9版），梅汝和等译，上海人民出版社1999年版。
[3] 蒋传海、夏大慰：《产品差异、转移成本和市场竞争》，《财经研究》2006年第4期。

行卡定价进行研究，他认为不同规模银行收费标准不同是因为存在大小不同的转移成本，规模越大的银行转移成本越大。转移成本的存在使得市场原本竞争力就强的企业竞争力更强[1]。随着市场竞争日益激烈，越来越多的企业不得不将更多的时间和精力投入到转移成本引致的客户锁定策略研究上。

一 转移成本的定义

转移成本是指客户从一个产品或服务的供应商转向另一个供应商时所面临的一次性成本，诸如时间、精力和金钱的损耗[2]。消费者在更换供应商时会感受到经济压力、情感等一系列成本，这种成本存在于消费者在两个产品或服务提供商之间的转换，也是一种机会成本，它使得消费者要为更换产品或服务供应商的消费行为付出代价。因此转移成本可以看作是一种挽留客户与原供应商维持服务消费关系的转移障碍。从企业立场来看，转移成本是培育客户忠诚度的强大工具，是保持市场份额的有力保障，是阻碍竞争者进入市场的锋利武器；从客户立场来看，转移成本是客户在更换供应商时感知到的相关转移障碍。

转移成本的概念从20世纪80年代中期出现以来，经历了30多年的发展，其历程可以分为以Klemperer、Jackson、Porter、Shapiro和Varian、Ruyter等，周彦莉等为代表的六个阶段。

第一阶段，Klemperer提出了转移成本的两阶段分析模型。Klemperer假设市场上有A、B二类同质产品分别属于不同的两家企业，他认为客户做出首次购买决策主要是通过比较衡量A类、B类的产品价

---

[1] 岳中刚：《转换成本、锁定效应与定价策略研究——以银行卡产业为例》，《河南经贸大学学报》2008年第2期。

[2] 毛中明、陈准、张光锐：《医药制造企业客户转移成本构建策略》，《统计与决策》2016年第10期。

值。若客户已经购买过 A 类或 B 类后还需再次购买该类产品，那么第二购买阶段的购买决策会受到首次购买决策的影响①，即客户此时不仅会衡量 A、B 二类产品价值，还会考虑首次购买投入的成本以及产品使用感受。如若客户在第二阶段购买产品时发生转移，这种成本则不能收回或回收价值很低，也就是我们所说的沉没成本。对客户来说，沉没成本具体表现为学习成本及花费的时间、精力以及培训费，若不能向其他品牌延伸，就会产生转移成本问题，客户在第二阶段的购买决策受转移成本的影响。同时客户在第二阶段做出购买决策的过程中对产品价格敏感度降低，价格承受力变高，产品只在客户首次消费时存在较大竞争。Klemperer 认为转移成本是限制客户从初始供应商退出转到新供应商过程中的退出障碍，这种障碍会使客户在更换产品品牌或者技术时能直接被客户感知。②

第二阶段，Jackson 认为转移成本是客户终止与当前供应商的合作关系而转向新的供应商时必须要承受的交易成本，包括心理成本、物质成本、经济成本等③。

第三阶段，Porter 最早针对转移成本提出完整的概念，他认为转移成本是指客户从某供应商产品转向另一个供应商的产品所面临的一次性成本④。这种成本是客户从原始供应商转换到新供应商时的精力、时间、心理和经济成本感知的总和。如果客户从一家供应商转向另一家供应商，可能会损失大量的精力、时间、关系和利益，所以即使当他们对现企业提供的产品或者服务并不是非常满意时，对于是否更换供应商也会三思而行。

---

① Klemperer, P., Markets with Consumer Switching Costs, *Quarterly Journal of Economics*, 1987, (102): 375 – 394.
② Ibid..
③ Jackson, Build Customer Relationships That Last, *Harvard Business Review*, 1985, 11 (12): 78 – 92.
④ [美] 迈克尔·波特：《竞争战略》，陈小悦译，华夏出版社 1997 年版，第 9—10 页。

第四阶段，Shapiro 和 Varian 提出单一客户的总转移成本等于客户所负担的成本加上新供应商负担的成本，主张转移成本在客户方面和新供应商方面同等重要[①]。

第五阶段，Ruyter 等把转移成本定义为客户更换供应商所发生的各类成本[②]。除了需要承受转移时的经济成本之外，客户还需要面对由于更换供应商带来的心理以及时间上的不确定成本，与以往的成本所不同的是，这两个成本是主观变量，更难以衡量，并且不可比较。心理成本以个人"心理满足"为基础，不确定成本是以个人所处实际境况来衡量的，两者都与追求物质利益的需要在很大程度上是分离且独立的。很多情况下，人们为了追求心理满足以及时间要求不惜以牺牲物质利益为代价。

第六阶段，周彦莉等认为转移成本是指由于客户发生产品消费转移而带来的成本损失。这类损失不仅包括客户不再消费原产品造成的损失，还包括使用新产品时可能遇到的各种学习成本和使用风险，以及新产品可能带来的经济损失[③]。

二 转移成本的类型

Klemperer 是首个研究转移成本分类的学者，他把市场上客户的转移成本分成交易成本、人工及合同费用成本、学习成本三种[④]。学习成本是指客户为使用产品或服务投入的时间和精力；交易成本是指客

[①] Carl Sharpiro and Hal Varian, *Information Rules: A strategic Guide to The Network Economy*, Boston: Harvard Business School Press, 1998: 32 - 48.

[②] Ruyter K., D. Bloemer J., Customer Loyalty in Extended Service Setting, *International Journal of Service Industry Management*, 1999, 10: 320 - 336.

[③] 周彦莉、赵炳新:《客户视角的市场锁定现象机理与模拟》,《系统管理学报》2017 年第 1 期。

[④] Klemperer, P., Markets with Consumer Switching Costs, *Quarterly Journal of Economics*, 1987, (102): 375 - 394.

户与企业进行贸易活动必须投入的时间、精力或金钱;人工及合同费用成本是指企业在贸易活动过程中的直接作用成本,比如说企业制订的重复购买计划、周期购买计划等。

Guiltinan 将转移成本定义为交易成本、学习成本和设置成本的组合[1],在 Klemperer 研究成果的基础上提出心理承诺成本和连续性成本。心理承诺成本是指以前选择供应商所投资的成本;连续性成本是指客户从现有供应商转换到其他供应商时所能感知到的全部风险[2]。

夏皮罗和瓦里安根据不同的锁定类型,对转移成本类型进行细分后把转移成本总结为以下几种:首先是刚开始接触到产品时的培训与学习成本,其次是使用产品后产生忠诚度成本、合约数据成本、转移成本和搜寻成本[3]。搜寻成本有两种类型,一种类型的搜寻成本发生在客户花费时间和精力做出任何购买决策前的成本,另一种类型的搜寻成本发生在已做出一次购买决策的客户考虑要不要搜寻其他产品信息,从而决定是否转换供应商时花费的相关成本。

Lee 等认为转移成本是客户因转换新供应商而产生的成本。他把转移成本分成交易成本和搜寻成本两种类型,认为搜寻成本是指客户搜寻产品价格、服务等信息所付出的成本[4]。

Jones 等将转移成本分为以下六种类型:①损失绩效成本,指客户转移后的直接损失利益和间接损失利益(如特别待遇等),比如说老客户更换电话号码和通信运营商时,会损失积分和老客户优惠;②不确定成本,指客户转移后要面临由于新产品质量不确定性带来的风险

---

[1] Guiltinan, Joseph P., A Classification of Switching Costs with Implications for Relationship Marketing, 1989 AMA Winter Educators Conference: Marketing Theory and Practice.

[2] Klemperer, P., Markets with Consumer Switching Costs, *Quarterly Journal of Economics*, 1987,(102):375-394.

[3] [美]卡尔·夏皮罗、哈尔·瓦里安:《信息规则:网络经济的策略指导》,张帆译,中国人民大学出版社2000年版,第119—152页。

[4] Lee J., Feick, L., The Impact of Switching Costs on the Customer Satisfaction Loyalty Link: Mobile Phone Service in France, *Journal of Service Marketing*, 2001, 15(1):35-48.

成本，尤其是一些具有特殊性的产品，如高科技产业中的药品；③搜寻和评估成本，指客户转换到新的产品或服务之前必须要花费在搜集新产品信息上的成本；④转移后认知成本，指客户更换供应商后，重新认识和学习新产品和服务这一过程，需要花费一定的学习成本；⑤准备成本，指客户准备替换新的服务供应商需要付出一定的时间以及费用；⑥沉没成本，指客户放弃与初始供应商之间的关系成本[1]。

王琴和 Jones 一样，也认为客户更换供应商过程中转移成本是一个复杂的变量，很难用统一的指标来衡量。她将转移成本分为以下三类：①沉没成本，指与初始供应商交易活动中发生的不可回收成本；②交易成本，指客户寻找新供应商以及与其进行交易活动过程中发生的一切成本；③心理成本，指客户在消费过程中由情感因素而导致的成本[2]。

Burnham 等提出了八种转移成本的类型：经济风险成本、评估成本、学习成本、设置成本、利益损失成本、货币损失成本、个人关系损失成本和品牌关系损失成本，这八种转移成本可以归纳成三大类：①经济风险成本、评估成本、学习成本和建立成本属于程序型转移成本。②利益损失和金钱损失成本属于财务型转移成本。③个人关系损失和品牌形象损失属于关系型转移成本[3]。

崔瀛根据转移成本的作用性质分类，将转移成本分成积极的转移成本和消极的转移成本。积极的转移成本包括利益失去成本和社会关系成本；消极的转移成本包括过程转移成本和金钱损失成本[4]。

---

[1] Jones, Michael A., David L., Mothers baugh, and Sharon E., Beatty, Why Customers Stay: Measuring the Underlying Dimensions of Services Switching Costs and Managing Their Differential Strategic Outcomes, *Journal of Business Research*, 2002, 55 (6): 441–450.

[2] 王琴：《顾客行为的转移成本分析》，《上海管理科学》2002 年第 4 期。

[3] Burnham, Thomas A., Judy K., Frels, and Vijay, Mahajan, Consumer Switching Costs: A typology, An tecedents and Sequences, *Journal of the Academy of Marketing Science*, 2003, 31 (2): 109–126.

[4] 崔瀛：《中国电信转换成本的实证研究》，硕士学位论文，首都经济贸易大学，2012 年。

三　客户锁定的定义

客户锁定是指客户从现有产品供应商转移到其他供应商的过程中，由于转移代价过高而发生的非自愿性锁定。

彭思偲认为客户被锁定的直接原因是转移成本，由于各种原因使客户从一个系统（可能是一种技术、产品或标准）转移到另一个系统的转移成本大到不如不转移，导致经济系统达到某个状态之后就很难退出，客户的逐渐适应会强化这种状态，从而形成一种"选择优势"，把系统锁定在这个均衡状态[1]。

夏皮罗和瓦里安认为：锁定是指客户从 A 供应商转到 B 供应商过程中转移不经济的现象，此时客户面临被 A 品牌锁定[2]。Shy 研究了在具有锁定特性的市场中，即使竞争品牌更便宜，厂商也可以通过适当的锁定策略，使消费者重复购买，因为消费者要从某一产品转移到其他竞争产品时，会面临很大的转移成本[3]。王琴认为客户锁定是指客户被企业锁定的现象，企业作为经济主体为了特定目的在特定交易领域通过提高对方转移成本等方式，对交易伙伴所达成的排他性稳定状态。客户锁定实质上是企业主动获取稳定性经营利润的行为。在企业实际经营过程中，企业采取一系列营销策略，以提高转移成本争取更多市场份额[4]。丁涛等认为客户锁定是客户再次消费时，只有选择原始供应商才是"经济"的现象。他把锁定定义为客户从一种产品转移

---

[1]　彭思偲：《我国 3G 电信运营商对用户锁定策略的分析》，硕士学位论文，上海交通大学，2011 年。

[2]　［美］卡尔·夏皮罗、哈尔·瓦里安：《信息规则：网络经济的策略指导》，张帆译，中国人民大学出版社 2000 年版，第 119—152 页。

[3]　Shy B., A Quick-and-easy Method for Estimating Switching Costs, *International Journal of Industrial Organization*, 2002（2）：71–87.

[4]　王琴：《顾客锁定——理论研究与实证分析》，复旦大学出版社 2003 年版。

到另一种产品时，由于转移不经济而面临的被迫消费[①]。

蒋帅认为客户锁定是指客户在首次购买后对搜索和转移到新的供应商的意愿降低[②]。他认为客户在做出购买决策时，存在对成本最小化的偏好以及对未来转移成本影响力的低估。客户认知有限使客户在交易时更倾向于选择短期内利益最大的方案，有的客户为了获得短期利益甚至不惜放弃未来潜在的收益。此外，在消费的过程中，客户的购买决策往往受到其他不确定性因素的影响，譬如首次购买决策后的客户感受。

四 客户锁定的形成过程

周彦莉等（2017）认为客户锁定是指消费者陷入"被动地"持续购买某种产品的锁定状态，而该产品（锁定产品）在技术和特征上并非优于同类竞争产品。它表现出以下特征：①特定性，即市场锁定的发生依赖于特定的历史事件，如 QWERTY 键盘；②排他性，市场锁定会导致市场上某一产品主导甚至垄断整类产品市场，消费者转移消费其他产品具有较高壁垒甚至无法转移；③持久性，市场锁定现象具有长期性，导致消费者持续购买该产品；④ 非均衡性，在市场锁定中占主导地位的产品并非具有某类产品特征的优势，却能持续占领整个产品市场[③]。

夏皮罗和瓦里安将客户消费过程分成四个阶段（图 2-1）[④]：第一

[①] 丁涛、刘霞：《网络经济下的锁定成因及其反锁定策略》，《现代情报》2006 年第 1 期。

[②] 蒋帅：《基于客户转移成本的客户锁定与客户忠诚研究综述》，《现代商业》2009 年第 8 期。

[③] 周彦莉、赵炳新：《客户视角的市场锁定现象机理与模拟》，《系统管理学报》2017 年第 1 期。

[④] ［美］卡尔·夏皮罗、哈尔·瓦里安：《信息规则：网络经济的策略指导》，张帆译，中国人民大学出版社 2000 年版，第 119—152 页。

阶段为品牌选择阶段，一般情况下由于存在品牌效应和从众效应，客户都倾向于选择自己熟知的品牌或者跟从市场上大多数的客户。第二阶段为试用阶段，客户在产品或服务的试用阶段，形成消费体验。第三阶段为品牌确立阶段，客户经过试用会形成两种客户体验，一种是满意，一种是不满意。企业提供的产品和服务如果可以满足一部分客户的需求，这一部分客户在下一次消费时继续选择该供应商的可能性较大，另一部分消费需求得不到满足的客户将会在下一次消费时转换到其他供应商。第四阶段为锁定阶段，锁定是指被成功锁定的客户，不会转向其他供应商，而是成为企业的忠诚客户，在此阶段客户之所以仍然选择初始供应商提供的产品，并不一定是出于对企业的忠诚，而有可能是由于存在转移成本，导致其勉强选择不更换供应商。

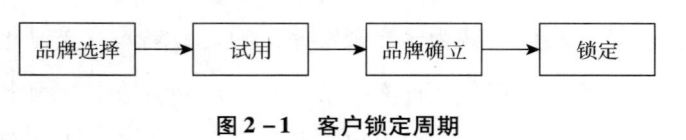

品牌选择 → 试用 → 品牌确立 → 锁定

图 2-1　客户锁定周期

通过研究发现，客户锁定是影响客户决策最重要的因素之一。一般而言，如果客户转移成本高于转移后收益，理性客户被初始供应商锁定不会转到其他供应商。如果客户的转移成本低于转移后的收益，理性客户就会转到其他供应商而不会被初始供应商锁定。因此，企业可以通过提高转移成本的途径来锁定客户。

现代营销学者通过研究，把客户消费过程分为宣传、初始交易和重复交易三个阶段。第一阶段为宣传阶段，企业主要通过营销活动让客户了解产品及其购买渠道等；第二阶段为初始交易阶段，客户此时购买决策形成与转移成本无关，这一阶段客户主要根据产品价值做出购买决策；第三阶段为重复交易阶段，客户做出购买决策的主要依据是之前的购买和使用经验，供应商在重复交易阶段主要通过提高客户的转移成本，从而最大限度地挽留客户。Murry 和 Häubl 是研究客户行为经济学的学者，他们认为"认知锁定"产生于客户重复购买产品时，"认知锁定"是指客户更倾向于选择其经常购买的产品，认知锁定与熟悉效应或购买习惯很相似[①]。

在高科技快速发展及互联网普及背景下，随着日趋增长的信息量和不断降低的交易成本，消费者的选择空间快速扩大，因此此时的客户锁定显得尤为重要。

第二节 转移成本和客户锁定相关理论

一 路径依赖—锁定效应理论

价值网络中潜藏着一种无形的力量，将企业长期锁定在竞争优势或竞争劣势中，一些学者将其称为"锁定效应"，它让企业无法以低成本脱离价值网络，主要表现为高沉没成本、高机会成本和高转化成本。其中沉没成本和机会成本是针对内嵌于某一企业关系累计的资源投入和潜在损失，而转移成本是客户在任意时刻脱离企业所要付出的各种成本，三者共同决定客户被企业锁定的深度。阿瑟（Arthur）认为后发国家工业化进程和产业结构升级缓慢，是由于后发国家现有落后技术条件容易阻碍后发国家发展。他认为成本过高是产生自增强机制的主要原因之一，维持锁定状态因素有学习效应、合作效应和适应性预期等，产业集群在其生命周期演进过程中产生的一种路径依赖现象是锁定效应的实质。[②]

路径依赖是指在局部稳定均衡的条件下，某个系统的发展路径取

---

① Murray K. B., Häubl G., Explaining Cognitive Lock-in: The Role of Skill-based Habits of Use in Consumer Choice, *Journal of Consumer Research*, 2007, 34（1）: 77–88.

② W. Brian Arthur, Competing Technologies, Increasing Return and Lock-in by Historical Events, *Economical Journal*, 1989, 99（394）: 106–131.

决于其当前所在的或将要进入的选择领域。路径依赖在一定程度上左右了系统未来的发展方向，且对于解释经济锁定现象具有重要参考价值。由于存在路径依赖有可能进入某个并非最有效的均衡状态，系统一旦被选择就会形成一种选择优势，系统将会被锁定在某种状态。可以这样理解，A、B 为两个可相互替代的技术产品，A 产品较早进入市场，市场上客户较早接触到 A 产品，对 A 产品比较熟悉，那么客户在做出购买决策时就更倾向于选择已有一定客户基础又比较了解的 A 产品。从企业自身来看，A 产品产生了先发优势；从客户角度来看，客户已对 A 产品投入一定的时间和精力成本，在一定程度上产生了路径依赖效应，而产品 B 需要客户重新投入学习成本。不仅如此，如果客户此时转移到购买 B 产品，会造成之前购买 A 产品所投入的成本全部转化成沉没成本。市场上其他企业会倾向生产 A 产品的互补产品或配套服务，成为 A 产品市场的追随者，产生协同效应。路径依赖理论解释了为什么较晚进入市场的企业很难从其他企业争取到客户，即为什么后发企业进入市场的壁垒较大。尤其是在高科技产品市场竞争中，市场先行者和率先使用技术锁定的一方优势明显，市场容易阻碍新企业进入和发生垄断现象，从而形成锁定。

在高科技市场上，形成的路径锁定也被认为是技术锁定。锁定客户的产品对客户而言不一定是最优的选择，只是他们已经被迫重复地购买该产品。高科技产品有两个显著特点，分别是复杂性和易逝性，复杂性导致高科技产品的初始学习成本高，路径依赖效应明显；易逝性强调了高科技企业锁定客户时，要把握时效性，具有先发优势的企业容易锁定客户。

二 客户忠诚理论

客户忠诚理论是在企业设计理论和客户满意理论的基础上发展而来

的。其主要内容可表述为：企业应以满足客户的需求和期望为目标，有效地消除和预防客户的抱怨和投诉、不断提高客户满意度，促使客户形成忠诚，在企业和客户之间建立起一种相互信任和相互依赖的质量价值链，主要通过客户的情感忠诚、行为忠诚和意识忠诚表现出来。客户忠诚是企业获取利润和持续成长的直接源泉，客户保留的时间越长，客户就会在企业购买越多的商品和服务，客户带给企业的价值就会越大。徐美娟认为客户忠诚就是客户即使遭受可能诱发转移行为的各种刺激，仍然保持对所提供商品或服务的偏好、信任，甚至是依恋，进而对其他的竞争者产生抵抗力，产生一系列这一心理指导下的行为，包括重复购买、向他人推荐、提供正面评价以及乐意支付更高的价格等[①]。Reichheld 和 Thomas 认为根据行业的不同，客户忠诚度每提高5%，利润可提高25%到85%[②]。郭伟刚等认为高忠诚度的客户对竞争对手的诱惑表现出更高的抵抗力，带来客户流失率的减少，降低厂商开发新客户的成本。同时忠诚的客户往往还会基于自身的经历向潜在客户进行口碑推荐，为厂商创造新的生意机会，从而也带来厂商持续获利能力的增加[③]。

因此，企业需培育和提高客户忠诚度，以达到长期稳定获取利润的目的。客户忠诚表现为客户主动、重复的购买状态，这种忠诚不仅体现在行为上，还体现在客户对待该企业品牌、产品、服务忠诚的态度上。很多现有国内外的研究结果均指向统一结论：转移成本越大，客户对于企业的忠诚度越高。Fornell 把函数的概念引入这一研究中来，利用转移成本作为自变量，研究客户忠诚函数。在高转移成本情况下，客户的忠诚度一般较高，这种忠诚可能是行为性忠诚，也有可能是转

[①] 徐美娟：《基于转移成本视角的跨境零售电子商务网站顾客忠诚度研究》，硕士学位论文，东华大学，2016年。
[②] Frederick F. Reichheld & Thomas Teal, The Loyalty Effect, *Business Ethics Quarterly*, 1997, 7 (4).
[③] 郭伟刚、包凡彪：《客户忠诚理论的价值分析和驱动模式研究》，《商业研究》2007年第3期。

移代价过高的被迫"忠诚"[1]。

Jacoby、Tucker 等学者将客户忠诚定义为客户对产品或服务产生重复性购买行为[2][3]。购买份额、购买频率等指标可以用来衡量客户忠诚行为。Fishbein 等学者认为客户忠诚是一种反映了客户对产品和服务的倾向程度、偏好程度、购买意愿的情感[4]。Oliver 等运用实证研究方法研究表明客户忠诚程度与客户重复购买频率和客户对企业产品或服务所持有的积极态度成正比[5]。总之，客户忠诚就是客户在消费的过程中对某一特定的品牌产品或服务产生心理上的认可以及形成消费偏好，并产生主动重复购买行为的一种态度与行为结合的产物。根据客户态度与行为是否统一，将客户忠诚分为以下四种（表 2-1）：

表 2-1　　　　　　　　　客户忠诚分类

对象	行为	态度	是否主动推荐
不忠诚客户	不忠诚	不忠诚	不推荐
虚假忠诚客户	忠诚	不忠诚	不推荐
潜在忠诚客户	忠诚	忠诚	可能推荐
忠诚客户	忠诚	忠诚	推荐

资料来源：作者整理。

忠诚是指客户态度与行为统一，忠诚的客户不仅会持续重复购买产品，还会自发推荐他人购买。虚假忠诚是指客户存在购买行为，但

---

[1] Fornell, C., A National Customer Satisfaction Barometer: The Swedish Experience, *Journal of Marketing*, 1992, 56: 6–21.

[2] Jacoby J., Consumer Research: A State of the Art Review, *Journal of Marketing*, 1978, 42 (2): 87–96.

[3] Tucker W. T., The Development of Brand Loyalty, *Journal of Marketing Research*, 1964, 1 (3): 32–35.

[4] Fishbein M., Ajzen I. Belief, Attitude, Intention, and Behavior, *An Introduction to Theory and Research*, 1975.

[5] Oliver R. L., Linda G., Effect of Satisfaction and its Antecedents on Consumer Preference and Intertion, *Advances in Consumer Research*, 1981, (8): 88–93.

尚未形成消费偏好。虚假忠诚的客户在下次做出购买决策时易受其他因素影响。潜在忠诚的客户虽然认可产品和服务，也在一定程度上重复购买产品，但并不会主动向他人推荐，同时潜在忠诚的客户在以后的购买选择中，也会考虑其他企业但优先考虑原供应商企业的产品。不忠诚客户可以分为两类，一类是已经忠诚于其他企业的客户，另一类客户是对所有企业都不忠诚的客户。

形成客户忠诚的影响因素多种多样，霍华、芦梅、张发民以移动通信行业为例，对客户满意度与忠诚度驱动因素进行研究，指出客户感知价值、服务补救同样显著影响客户忠诚[1]。Gefen 经过对多位亚马逊网络书店的消费者做问卷调查，指出服务质量、客户信任、转移成本和感知风险是影响电子商务消费者忠诚的四个主要因素[2]。史有春、刘春林提出了客户满意、购后冲突、转移成本、感知价值和情景期望对重复购买意向的研究模型，并通过耐用品（手机）和劳务（在外就餐）这两类产品对该模型进行了验证。[3] 包金龙在参考了较为成熟的美国客户满意度指数模型的基础上，认为在网络环境下影响客户忠诚的因素包括：客户感知价值、客户期望、客户满意和客户信任[4]。综合先前的研究结论，可以总结出客户忠诚的原因，一方面是由于经济、技术、风险或者心理因素的高度转移壁垒，导致消费者在转移供应商时会考虑需要付出较高的经济或是心理的各种代价，因此促使消费者继续维持与当前供应商的关系；另一方面是因为消费者对供应商所提供的产品或服务非常满意，因此而导致忠诚。

依据忠诚程度的深浅，将客户忠诚分为以下四种：①认知性忠诚，

---

[1] 霍华、芦梅、张发民：《顾客满意度与忠诚度驱动因素研究——以移动通信业为例》，《商场现代化》2006 年第 1 期。

[2] Gefen D., Customer E-loyalty in E-ecommerce, *Journal of the Association for Information Systems*, 2002, (3): 27 – 51.

[3] 史有春、刘春林：《顾客重复购买行为的实证研究》，《南开管理评论》2005 年第 1 期。

[4] 包金龙：《B2C 网站顾客忠诚影响因素实证分析》，《华东经济管理》2007 年第 9 期。

是指产品和服务恰好满足了客户的需求,这种满足很容易受到客户自身因素的影响而发生改变。②情感性忠诚,是指客户在持续性的购买行为中形成了对产品和服务的认可和偏好,这种偏好使客户不太愿意转换供应商。③意向性忠诚,是指消费者在再次消费时更倾向于已购买的品牌。④行为性忠诚,是指客户愿意接受某一特定品牌、产品或服务,甚至不惜付出一切代价。行为性忠诚是基于产品和服务程度最深的忠诚,只有除了该品牌外其他任何品牌的产品或服务都无法满足客户需求时才能发生。企业利用向客户提供独特的技术服务,造成客户较高的转移成本,从而实现客户锁定进而导致客户忠诚于当前企业,这是客户忠诚理论的基本形成路线。

三 网络经济理论

网络经济理论从互联网经济特点出发,研究生产者与消费者通过网络进行的经济活动及利用互联网进行资源的生产、分配、交换和消费的经济形式,是一种分析经济增长动力、资源配置方式的新型经济理论。其基础条件是互联网,其核心是电子商务。网络经济的发展是信息技术快速发展的结果,它使世界经济在互联网上以数字的形式发生联系后极大地改变了面貌,因此网络经济也被称为"数字经济"。外部性是指生产和消费的过程中给他人带来的非自愿的成本或收益,是一个经济主体的行为对另一个经济主体的福利产生的影响。网络外部性是指一种产品对客户的价值随着采用相同产品或可兼容产品的客户增加而增大。一个网络客户对网络产品的消费可以为另一个网络客户带来收益,这是一种典型的正的消费外部性。网络外部性体现在网络客户规模在一定程度上决定了连接到这个网络的价值。网络外部性从不同的角度有不同的理解,从客户角度来看,客户获得的产品价值随其他客户的加入而增大的现象是网络外部性的体现;从企业角度来看，网络经济的外部效应表现为，客户规模越大，企业边际收益越大。

网络经济的出现使得客户群变得更有价值，随后出现了"注意力经济"这一新的概念，它指出在网络经济中，客户的注意力是稀缺的，是具有经济价值的。各个企业通过各种手段吸引消费者的注意力来拓展自身的客户网络价值。在网络经济中不仅现有的客户群具有经济商业价值，潜在客户群也具有一定的经济价值，比如一些网站不向客户收费，但是要求他们注册，以此来收集客户的相关数据，而这些措施有利于其制订销售计划或者对于其计算广告费率是相当有利的，并可出售相关资料。在网络经济中，客户规模越大，客户从产品中得到的效用就越大，客户的产品效用与客户规模呈现正相关关系。

梅特卡夫法则（Metcalfe Law）揭示了网络技术发展的规律。梅特卡夫认为网络的价值等于网络节点数的平方，即网络价值是以客户数量的平方的速度增长的。这一法则用经济学的术语来描述网络外部性的本质，可以解释为什么联网的计算机越多，整个网络的总价值就越大这一现象。该法则认为每一个上网的网民都因为网络整体客户规模的扩大而获得效用增大，系统性和互补性是使网络产生外部性的两个原因。网络的系统性决定了网络是由若干个网络交叉状节点构成的一个有关联的整体，因此无论网络以什么方式或什么模式向外延伸，只要增加网络中交叉状节点数量，整个网络系统就都能获益。同时网络也具有互补性，其互补性体现在，网络内网络交叉状节点间信息多向流动，任何两个节点都可以实现直接或间接的信息交流，任意破坏其中一个节点对整个网络不会产生影响。

在网络外部性的作用下，伴随着客户规模增大，原有的老客户可以免费从产品中获得更多的效用。以 office 软件为例，随着 office 软件客户群规模的增大，office 软件产品价值无论是对新客户还是老客户而言都是增大的，因为客户可以与更多的使用 office 产品的客户实现更好更快的文件共享和交流,从而提高工作效率。网络经济与传统经济有很多不同(见表2-2),第一,传统经济中资源具有有限性,而理论上网络经济中资源是无限的;第二,网络经济中产品不仅和传统产品一样具备自身价值,还存在网络正反馈机制带来的"协同价值";第三,在传统经济中,随着市场需求量的增加,产品边际效用是先增加到一定峰值后边际效用开始减少,而网络经济中产品边际效用随着需求的增加而增加;第四,传统经济中的规模经济是卖方规模经济,买方规模不经济,而网络经济可以同时达到买卖双方的规模经济;第五,传统经济信息的不对称,信息一般由买方流到卖方,而网络经济中,信息的流动是双向的;第六,传统经济垄断虽然短期内有利于市场经济的发展,但长期下去不利于市场竞争,而网络经济存在"创造性破坏"的垄断,即垄断可以达到市场最优状态,买卖双方、社会都能从"破坏性垄断"中获取最大的产品价值;第七,价格机制不同,传统经济下提高产品质量需要投入更多的生产要素,生产要素的增加导致产品成本上涨、价格上升。而网络经济下,质量越高价格越低。

表2-2　　网络经济与传统经济的区别

	网络经济	传统经济
资源	资源无限	资源有限
产品价值	自身价值+协同价值	自身价值
边际效应(满足程度)	随着需求增加而增加	随着需求增加先增加到达一定量后减少
规模经济	买卖双方规模经济	卖方规模经济
信息流向	双向	单向
垄断性利弊	长期有利,存在"创造性破坏"	短期有利,长期不利
价格机制	质量越高价格越低	质量越高价格越高

资料来源:作者整理。

王琴根据客户行为的外部性将客户锁定分成线型锁定和网型锁定两种类型。她认为在线型锁定中客户维持与初始供应商特定的贸易关系是因为客户自身与供应商的转移成本大小，与其他客户无关。如客户在药品的选择上，患者选择一类药品是因为这类药品能够治疗自己的疾病，而与其他人是否使用无关。而在网型锁定中，由于存在网络的外部性，客户效用和转移成本的大小不仅取决于客户自身与供应商转移成本的大小，还受其他客户的消费行为的影响。如提供同质化产品或服务的一家大公司和小公司，一般而言，选择大公司的客户居多，因为大公司的平台有更大的客户基础，尤其是在网络经济下具有网络外部性大公司的平台能创造更多的客户价值[①]。

高科技产品网络外部性效应较传统产品表现更为明显。例如，"王者荣耀"手游，当"王者荣耀"与其他同类型游戏发生竞争时，因为"王者荣耀"已经具有一定的客户规模和较强的客户黏性，所以在其他新游戏进入游戏市场时，客户往往偏向选择知名度较高的"王者荣耀"。而且游戏属于典型的"经验产品"，游戏客户一旦转移，必定会付出高昂的沉没成本和学习成本。电子竞技类游戏中存在段位和装备一说，玩家想要解封新技能和获得新装备，就要投入大量的时间、精力和金钱，因此游戏玩家一般不会发生转移，除非玩家真的被现有游戏"伤透了心"，所以电子竞争类游戏客户较其他高科技产品客户更容易被锁定。

即时通信市场具有较强的网络外部性。首先，即时通信产品使用者规模增大时，相当于增加了该通信网络中网络交叉节点的数量，根据梅特卡夫法则，此时，即时通信产品价值增大，对于潜在客户的吸引力增大。其次，伴随着即时通信产品使用者规模增大，该即时通信产品对于其他企业的吸引力增大，因为此时产品总效益增大，企业家

[①] 王琴：《顾客锁定的作用机理》，《上海管理科学》2004年第2期。

出于对利益最大化的追逐，会开发更多配套的互补产品，尽可能占据更多市场份额，提高客户满意度。

通过对相关文献的研究梳理，本书发现，网络外部性可以利用有用认知、行为意向、易用认知很好地解释影响即时通信软件市场上客户的采纳行为的因素。存在网络外部性效应的产品之间存在着某些共同特点：无论是客户还是供应商，产品价值大小与使用者规模正相关；"自有价值"和"协同价值"组成了客户从产品获得的总价值，"自有价值"指产品本身功能所具有的"硬"价值，这一部分价值主要由产品自身质量决定；"协同价值"指当有新的使用者加入网络时，老客户获得的产品价值的增加值，这部分"协同价值"就是网络外部性的经济本质，主要由产品使用者数量决定。

四 报酬递增理论

报酬递增理论来源于传统的规模报酬递增，指企业的经营规模较大时，在给定技术状况下投入要素的效率提高，从而成本较低，规模报酬递增有其产生条件，规模并不是越大越好，而是在一定规模内可以达到厂商的均衡，即厂商的投入与产出最合算。一项新的技术刚出现的时候，对社会总是报酬递增的。它在初始阶段的效益可能很高，一般会使某项生产成本下降明显，从而获取较高的利润，在高额利润的驱动下，越来越多的竞争者模仿这种技术，相应的互补技术也会随之出现。在配套技术的支持下，构成一种整体的协调效果并得以流行[1]。报酬递增理论是指在给定技术和生产要素情况下，随着企业经营规模的增加，企业成本会下降，企业的经营规模并不是越大越好，当投入要素的变量连续增加超过某个临界值时，会呈现边际产量递减

---

[1] Krugman P., Increasing Returns and Economic Geography, *Political Econ.*, 1991, (99).

的现象。即一定规模内生产要素的投入存在最佳厂商均衡，即厂商的投入与产出比最大，生产效率达到最优。

在现代经济社会中，率先采取新技术的厂商往往可以取得新技术先发优势，利用规模经济使单位成本降低，普遍流行使学习效应提高，许多企业采取相同技术使协调效应增强，在市场上的流行使消费者相信这种技术会进一步流行，进入自我增强的良性循环，使得规模报酬递增成为在市场上打败竞争对手的技术。一般而言，新技术有被模仿和被超越两种发展趋势。新技术被市场上其他企业模仿能带来协调效应，各种互补品的出现也会使产品价值提高，客户也因此会对企业产生良好的预期，甚至会有部分客户对企业产生忠诚；如果被其他企业在技术上超越，但是由于其他企业进入市场较晚，大部分客户已经掉进之前的企业"锁定"的陷阱中，也就是陷入"赢家通吃"的恶性循环中无法转移。

综合国内外学者的研究，报酬递增机制形成的原因有以下三个方面：①知识经济的溢出现象导致生产的边际成本下降。生活中很多经济现象都符合报酬递增机制，尤其在高科技领域。高科技企业在生产前期的研发、设备、资金和人才成本巨大，后期边际成本逐渐下降，甚至可能下降到可忽略不计的程度。比如在网络经济背景下，信息产品生产复制通过复制粘贴即可完成。②网络效应的外部性，高科技产品技术含量较高导致高科技产品对兼容性的要求也比传统产品要高。高科技产品一般不独立使用，而是需要和其他的产品相互兼容使用。比如市场上的手机软件一般都有两个版本，一种是针对苹果手机的IOS系统版本，另一种是针对安卓手机的安卓系统版本，不同系统版本的软件无法兼容使用。假设某爆品软件公司只推出其中一种系统版本的软件，那么支持这款软件版本的手机在市场上就更受欢迎。③产品的使用习惯。随着高科技产品的使用者规模扩大，高科技产业规模报酬就会递增。微信是国内使用最高频的社交软件，个人用户已经习惯使用微信聊天、工作、记录和分享生活。如果个人用户不得不选择除微信外的其他社交软件，个人用户可能会损失一部分的好友（微信注册用户规模大于其他社交软件的注册用户规模），造成情感损失；商业用户可能会流失部分潜在的客户，造成经济损失。当转移成本较大时，用户一般会因"被动锁定"而放弃转移。

报酬递增机制在以知识为基础的高科技企业中起支配作用，报酬递增机制会使具有优越技术的用户基数越来越少，甚至可能迫使这种技术退出市场。高科技产品或服务具有高固定成本和低边际成本的特性，这就使得其产品或服务的市场份额越大，单位成本越低，收益越大，因此高科技产品或服务在竞争过程中具有收益递增的特性，这种特性类似于马太效应，会产生"强者越强，弱者越弱，成功产生成功，失败导致失败"等结果。在高科技行业中，经验丰富、产量高的企业往往能充分利用低成本和高质量的优势，把其他企业排斥在该行业的大门之外。因此，高科技企业之间可以考虑将各自的资源联合起来，共同分担市场进入成本，共享技术知识标准和营销网络乃至结成战略联盟。

五　非摩擦经济理论

非摩擦经济是一种随着因特网的兴起和发展而发生的低成本、无摩擦、高效率的全新经济形态，它没有摩擦，其生产、销售和售后服务等费用要比在传统经济模式下低很多，甚至是用几乎为零的成本来获取无限的产品及服务，而只要企业的产品制造成本低，同时售价也低廉，就会赢得一定的客户。从某种意义上来说，这种非摩擦经济新模式就如同一个虚拟世界。

非摩擦经济具有以下几个特征：①凭借数字信息技术的快速发展，市场的转变也越来越迅速，相应的产品的老化速度也越来越快，因此该经济模式中的产品生命周期短。这就要求其中生产企业必须紧跟数字网络的发展速度，即以短时间更新产品的速度向前发展。②非摩擦经济具有非线性的"混乱"特征。"混乱"是一种在系统内部具有复杂性、随机性和无序性的普遍存在的复杂运动形式和自然现象。而非线性是指人们难以预料的因果关系。比如股票市场价格波动就是混乱，其买卖、抢夺市场份额向来就是按非线性系统的规律来进行的。也就是说一个混乱系统就是一个非线性系统。非摩擦经济就是这样一个非线性系统，一旦市场有变化，就是跳跃式的变化。③主流化是非摩擦经济所遵循的主要原则。企业为了赢得市场的最大份额而主动向客户赠送第一代产品，只要这个产品实现了主流化，它的市场主要地位便不大可能会动摇。因为它不仅锁定了相应的客户，而且还消除了竞争。之后客户重复购买的积累效应使市场份额加速增长，为拥有该产品的公司带来巨额利润。这也就是著名的"剃须刀和刀片"原理，赠送剃须刀就是为了长期推销刀片。

在非摩擦经济中，企业应重视科技发展及其在生产中的应用，提高产品的知识含量，增强获取新技术、开发新产品的能力，主要做到优质低价。只要占领的市场份额越大，企业的获利也就越多。当企业最大限度地把自己的产品转变为产业标准、市场份额增加到最大值时，该产品就成了市场的主导产品。

第三节　转移成本与客户锁定理论在高科技企业中的运用

一　转移成本与客户锁定实践起步晚发展快

随着网络经济发展，转移成本和客户锁定策略被越来越多企业关注，高速发展的网购市场吸引了大量的新竞争者的进入，使得网络销售商之间的竞争更为激烈。因此，如何留住老客户，便成为网络销售商当前应该关注的重大课题之一。企业间的竞争包括技术研发、人力资源、市场营销等多个方面，而吸引和维系客户也是企业间竞争的焦点之一，为达到保留客户这一目的，可以有两种途径。其一是提供更好的客户满意度，其二是设置较高的转移壁垒。通过提高转移成本减少客户流失的方式也被越来越多的高科技企业，尤其是被跨国公司采用。进行转移成本和客户锁定在高科技领域的研究和运用，一方面可以帮助我国高科技企业挖掘发展潜力，提高我国高科技企业在国际市场上的竞争力，另一方面又可以避免我国高科技市场遭受国外高科技企业的恶意锁定。

以即时通信工具为例[1]，近年来，即时通信工具在客户锁定策略上取得了较好的成效。它已成为人们日常生活不可或缺的一部分。虽然即时通信软件的产生和发展不过短短二十多年，进入我国的时间更是只有短短的十多年而已，但是即时通信软件却以惊人的速度融入我们的生活，与人们的生活密切相关。即时通信工具市场潜力巨大，在未来会发展为网络时代所有人最主要的交流方式，而把握住即时通信工具的正确发展方向显得尤为重要。截至 2016 年 12 月，我国的手机网民数量达 6.95 亿。面对如此庞大的使用者群体，企业想要抓住客户，就必须找到自己在行业中的相对优势并将其发展，从而扩大自己的竞争优势。这也要求企业摸清客户消费行为规律，揣摩客户的心理，从而针对影响这些消费行为的因素，在改进自己的产品的同时，构造转移成本，使客户转移不经济，制定正确有效的营销策略，从而达到占领市场的目的。

---

[1] 即时通信（Instant Messaging），简称 IM，是指在两人或者两人以上的人群之中，以网络或其他方式作为连接手段，通过软件或其他平台，进行文字、图片、语音、视频等多媒体信息的实时交换的一种交流手段。而用于进行即时通信的工具——目前一般为软件——就被我们称为即时通信工具。

目前我国市场上的即时通信工具种类繁多，一方面是因为即时通信工具的开发本身不存在很高的技术门槛，而且也不需要很多的时间、财力、人力去维护，于是各大网站往往都拥有自主研发的即时通信工具；而另一方面，是因为广大的消费群体对于即时通信工具的需求刺激了开发者们不停地进行新工具的开发、老工具的更新，但这也导致了许多粗制滥造的即时通信工具的产生。

我国的互联网事业起步较晚，即时通信工具也是较晚才传入我国。1998年，腾讯公司于深圳成立，次年2月，腾讯在中国电信深圳分公司的帮助下开发了中国第一款即时通信软件OICQ，后由于ICQ公司指出该软件名和ICQ类似而且可能存在技术剽窃，腾讯公司遂将OICQ更名为腾讯QQ，至此中国未来的一个网络即时通信巨人就此诞生。QQ仅1999年一年就获得了10万注册用户，并且发展的速度超乎任何人想象，2002年腾讯QQ在短短3年间突破1亿注册用户。其他各大网络公司看到了即时通信软件的巨大市场潜力，也纷纷研发推出自己的即时通信工具，整合了邮箱和新闻等服务的网易泡泡，整合了淘宝购物的阿里旺旺，以及国内新兴SNS社区人人网推出的人人桌面等新生即时通信工具纷纷出现。同时外国的网络巨头们看到了中国的广阔市场，也纷纷将自己旗下的即时通信工具在中国市场上推出，MSN、Skype（一款网络电话软件）、雅虎通等也在中国赢得了不少客户，即时通信工具市场由此进入百花齐放的时代。生活中朋友联络，工作上视频会议、网络会议，即时通信工具在可以想象得到的任何方面存在。可以说，网络时代的电子邮件和即时通信工具已经成为当前人际沟通的几种主要方式之一。

第39次《中国互联网络发展状况统计报告》指出，2016年12月我国的网民达7.31亿人，手机网民规模为6.95亿人，网民中使用手机上网的人数占比从2015年的90.1%上升到2016年的95.1%。且由于智能手机的平民化，手机不再只是传统概念中打电话的工具，而是越来越像一台小巧的个人计算机，WAP 网络协议的普及和 4G 网络的推广使越来越多的人能够随时随地拿出手机连接网络。众多即时通信工具也纷纷把自己的产品放上了手机平台，而腾讯公司无疑是行业的领导者。据数据显示，2016 年 9 月，腾讯 QQ、阿里旺旺和微博位列国内即时通信软件使用者规模前三强，其中腾讯 QQ 以日均覆盖人数达 1.9 亿人，位列第一；阿里旺旺位居第二，日均覆盖人数达 2781 万人；排名第三的是日均覆盖人数达 413 万人的微博桌面。

二 运用转移成本和客户锁定理论瞄准客户

日趋增长的信息量和不断降低的交易成本使得消费者的选择空间极度扩大化了，此时客户锁定显得尤为重要。近年来，越来越多企业通过构建转移成本取得了很好的客户锁定效果，比如微信、小米和网易云音乐等，运用构建转移成本提高客户锁定的策略已经取得不错的成绩。但由于客户转移成本是一个复杂变量，很难用统一指标代替进行分析，因此高科技企业在实际运营中不能直接采用"拿来主义"，一定要结合转移成本和客户锁定的理论特点和企业实际经营情况做到具体问题具体分析。

以即时通信产品为例，截至 2016 年 12 月，使用即时通信的绝大多数网民为 10—39 岁的群体，占全部网民的比重为 73.7%；其中 20—29 岁的群体所占的比重最高，为 30.3%，10—19 岁、30—39 岁的群体所占的比重分别为 20.2%、23.2%。和 2014 年年底相比，10 岁以下低龄群体和 40 岁以上中高龄群体所占的比重均有所提高。通过数据分析，我国网民大多为年轻群体，他们对于新生事物接受能力强，喜欢追赶时尚潮流，但是也有过分追求品牌时尚和不理性的误区。总体来说，年轻群体十分有潜力而且值得深度挖掘。他们有下列的特点：第一，接受能力强，追赶时尚潮流等物质上的富足使他们在精神上有更高的追求。对于产品的要求并不仅仅是物质上的满足，而更多的是对潮流时尚、用后感等精神上的满足感的追求。总体来说，年轻的一代敢于尝试新生事物，追求时尚个性，渴望表达自己的与众不同之处。

第二，盲目从众，容易踏入误区。年轻人的消费行为往往受到大众的影响，这使得年轻客户很容易出现盲目从众的行为。有时候他们并没有对某产品有硬性需求，但是仅仅是因为周围大众共同选择的影响，使得他们也会去做出同样的选择，这种盲目从众很容易使他们踏入误区，例如年轻客户对苹果手机的追捧，就恰好说明了这一点。市面上即时通信工具众多，根据性质和操作平台，大概有以下几类：①专业即时通信工具，这类工具本身就是作为专业即时通信工具推出的，而其他功能只是不断更新升级后的附属产品。代表是腾讯QQ、移动飞信、MSN。②衍生即时通信工具，此类工具的代表为阿里旺旺、网易泡泡、百度HI、雅虎通、人人桌面。这些即时通信软件本身并不是作为专业即时通信软件研发的，而是母公司在自己已有业务基础上，为提供一个简单的桌面客户端而研发的，只是在后来整合进了即时通信功能。③功能性即时通信工具，这类工具大多有较强的专业性和目的性，是为了满足某些人群的特殊需求而开发的。此类即时通信工具的代表是YY语音、盛大ET、新浪UC、Skype。这类即时通信工具因为其专业性，拥有相当一部分稳定使用者。④移动客户端即时通信工具，这类概念比较模糊，因为随着手机上网的普及，越来越多传统即时通信工具都把自己的产品移植到了移动手机或者PDA平台上，移动平台专属即时通信工具的代表还有米聊、微信、陌陌。

就市场调查结果来看，目前市场上最受欢迎的即时通信工具还是腾讯产品，坐拥8.2亿活跃使用者，并拥有超过2亿同时在线人数的记录，可谓当之无愧的即时通信工具界霸主；其次是功能性即时通信工具，如Skype、YY语音等，其实这类软件因为瞄准了部分人群的需求，所以客户也比较忠实，表现十分稳定，比如Skype瞄准了留学生，YY瞄准了游戏玩家。衍生型即时通信工具是面向自己网站或者平台为客户而开发的，一方面是为了吸引客户，另一方面是为了给自己主营业务打广告，诸如淘宝的阿里旺旺，就是抓住了很多网民偏好网络购物的特征，除了淘宝，阿里旺旺的客户很少。

第三章 转移成本对高科技企业商业模式的重要影响

第一节 客户锁定效应的表现

结合现有的研究，客户的锁定效应主要表现在沉没成本、机会成本、转移成本这三个方面。其中沉没成本是不可恢复的关系投资，机会成本是脱离原先的企业供应商而丧失的未来潜在收益，转移成本是参与新供应商价值活动而需要付出的新一轮关系投资。

一 沉没成本

沉没成本就是已经付出的且不可回收的成本。企业为了构建和维护关系需要进行投资，这些投资包括时间、人力、物力和资金成本，沉没成本引发锁定效应的关键在于关系投资的不可恢复、不可回收性[1]。有研究从关系资产的资产专有性方面解释了厂商与供应商之间的紧密合作，每对关系形成的关系资产包含的要素品质和要素结构有着不同的性质，随着这些关系成本投入累积的增多，其他企业打

---

[1] Parkhe, A., Strategic Alliance Structuring: A Game Theoretic and Transaction Cost Examination of Interfirm Cooperation, *Academy of Management Journal*, 1993, Vol. 36, No. 4 (Aug.): 794–829.

破这一关系的难度和壁垒也就越高，企业被这些沉没成本的锁定也就越深。

二 机会成本

萨缪尔森在其著作《经济学》一书中认为机会成本是一种非常特别的既虚又实的成本，它是指一笔投资专注于某一方面后所失去的在其他方面的投资获利机会，同样的，关系投资作为一种投资行为也具备这一特性。企业在选择脱离该产品时就意味着脱离原先的机会结构，企业将失去价值网络未来可能带来的收益。有很多研究结论表明解除与当前价值网络的关系往往会导致当前的收益减少和绩效降低，更会引发未来一系列获利机会的丧失，机会成本的存在使得企业很难舍弃已经付出许多心血的价值网络。

三 转移成本

企业在不同的价值网络间切换会耗费大量的转移成本，企业加入新的价值网络将面临巨大的移动壁垒，打破这种壁垒需要进行新一轮的关系投资。这种构造一套新价值体系的成本是企业害怕脱离当前价值网络的重要因素。

第二节 转移成本与客户锁定息息相关

一 转移成本与客户锁定的关系

客户从原有供应商转移到新供应商时，面临的转移壁垒实质就是转移成本。客户被直接锁定的原因就是转移成本的存在，导致转移成本发生的原因有两个方面：产品和客户。产品层面体现在产品标准差异、产品规格差异、产品价格差异、产品使用差异等；客户层面体现在客户与不同供应商关系差异、使用习惯差异等，由这些差异导致的转移壁垒统称为转移成本。转移成本是在交易成本的基础上提出的，迈克尔·波特认为转移成本是客户从一个产品或服务的提供商转向另一个提供商时所产生的一次性交易成本。因此企业可以利用构建转移成本来锁定存量客户，获得稳定的客户群体，稳定利益来源，保持竞争优势。

  Marinoso 认为对于要更新系统的客户来说，以前购买的耐用品价格就是客户转移成本，这种成本是内生的，企业一般会利用非兼容性策略来创造客户转移成本以降低日后的竞争，然而随着同质耐用品达到兼容性的成本逐渐减小，内生的客户转移成本将加剧企业间的价格竞争，因此，企业更倾向于选择兼容技术来生产产品[1]。由产品兼容性产生的客户转移成本在计算机软件中尤其明显，例如文字处理软件 Microsoft Word 和金山 WPS，相比于专业且使用满意度高的 Microsoft Word 来说，消费者不愿意使用便宜且占用资源较小的金山 WPS，而由于 Microsoft Word 和金山 WPS 生成的文档是不相兼容的，这样便提高了客户转移的壁垒，特别是当 Microsoft Word 的客户越来越多，产生了远胜于金山 WPS 的网络外部性强度时，这种转移将使消费者支付更多的成本，增加了其转移的难度。

  即使是在同质化程度非常高的产品或服务市场上，转移成本也仍然存在。以饿了么和美团外卖为例，两者都属于在线餐饮平台，外卖行业由于同质化严重，商家跨平台门槛较低，餐饮商家出于利益考虑，往往同时入驻多家在线餐饮平台，即便服务模式高度相似，产品几乎

---

[1] Marinoso, B.G., Marketing an Upgrade to a System: Compatibility Choice as a Price Discrimination Device, *Information Economics and Policy*, 2001, 13 (4).

重合,不同在线餐饮平台客户黏性和客户份额仍存在差异,这就是各平台构建转移成本不同所带来的差异。转移成本可视为挽留客户的一种有效手段,在企业实际经营过程中,市场的先行者通常会使用各种手段增加客户的转移成本,例如积分奖励锁定、信息兼容锁定、合同锁定、标准锁定、软件锁定等,高科技产品市场尤其如此。

近年来,将转移成本与商业模式融合起来已成为趋势。苹果的智能手机、腾讯 QQ 的即时通信、波音的飞机制造、百度的搜索引擎、IBM 的金融电信等 IT 服务、云南白药的疗伤圣药等都出现因客户转移不经济而导致锁定的现象。

造成客户锁定的原因很多,有些企业锁定客户是在不知不觉中达到的,企业事先并没有预期。如马应龙痔疮膏,该药品主要治疗功效是活血消肿,但在患者实际使用过程中,意外发现其有消痘的独特功效,偶然的发现使马应龙锁定了部分具有祛痘需求的客户,从而开始在美容化妆品市场发展。和马应龙不同的是,大多数企业开展市场活动时,事先都会经过精心准备和策划,一开始就将转移成本有计划地植入产品中,开展市场竞争,形成客户锁定型商业模式。

二 转移成本与客户忠诚度的关系

客户对企业的忠诚应该体现为,客户信任某企业及其产品的承诺,表现为与企业保持长期关系,持续地在所中意或偏爱的供应商处购买产品,而不会因为外部大环境的变化或其他潜在竞争者所提供的营销活动而发生转移行为。

促使客户忠诚的驱动因素有很多种:①客户感知的服务质量对客户忠诚具有直接和间接的影响。服务质量的好坏直接决定客户是否会购买该产品。服务的质量也可以间接地通过客户的满意度进一步影响客户的购买意愿。②很多客户忠诚度的研究模型都是建立在客户满意的基础之上的,所谓客户满意即消费者内心所希望的预期被满足。客户满意在预测客户忠诚的过程中起到了决定性的作用,即满意度越高,客户对企业或品牌的忠诚度越高。③关系信任是客户对企业履行交易承诺的感觉或信心,强调的是一种信念。Crosby 等提出服务行业零售环境中客户对企业的信任程度直接决定了企业的销售机会的多少。④客户价值主要强调了客户对企业的价值主要是来源于客户本身。客户价值即客户对产品和服务使用之后产生的一种达到内在心理预期的情感知觉。因此,客户价值是客户满意产生的本质原因,而客户满意又能直接影响客户忠诚的产生。

相关研究表明,转移成本大小影响客户忠诚度的高低,转移成本会对消费者的转移意愿和重复购买行为产生重要的影响。对于那些能够让消费者满意的企业来说,对消费者设置一定的转移成本可以为自己提供一定程度的"保障",并避免因企业服务或产品质量暂时出现问题而导致客户大量流失。而在同等满意度下,转移成本高的客户比那些转移成本较低的客户表现出更高的忠诚度,即使满意度较低但转移成本较高的客户仍能表现出较高的客户忠诚度。客户转移成本高,通常意味着重复购买的可能性较大,与目前的供应商维持交易关系的意愿也比较强。

有关转移成本和在线客户忠诚度之间关系,前人已经进行了大量的研究,Ray 研究在线客户对互联服务供应商的忠诚度,通过实证研究发现不同维度的转移成本都会对忠诚度产生直接的影响,Aydin 以土耳其移动通信市场为研究对象,将转移成本作为满意度和忠诚度之间的中介变量,Lee 将转移成本作为满意度和忠诚度的调节变量。无论是实体市场还是在线市场,转移成本都会对客户忠诚度产生重要影响。有研究表明,转移成本越高,客户对产品的忠诚度也就越高。Fornell 在 1992 年对转移成本与客户忠诚度的关系进行定量研究,通过函数来研究转移成本与客户满意度之间的相关性。发现转移成本通过与满意度相互作用从而影响客户对产品的忠诚度。一般而言，企业对客户构造的转移成本越高，客户的忠诚度也就越高。不难发现，客户忠诚度的高低和转移成本有着密切的关系，影响转移成本的各个因素的费用越高，越有利于企业对客户进行锁定。同时应尽可能地根据客户的不同需求和偏好，提供相应的服务，赢取真正的忠诚型客户，提高企业的长期竞争力。

一般而言，由转移成本导致的忠诚可以分为主动忠诚和被动忠诚。企业构建转移成本的目的是培育主动忠诚的客户，因为被动忠诚有可能导致客户的抵触情绪，造成客户转移意愿的增强。客户忠诚又分为行为忠诚和态度忠诚。前者表现为客户对产品和服务企业的相关忠诚行为，是企业获得经济利益的直接来源；而后者表现为客户对企业的忠诚意愿。由此将客户群体分为忠诚者、不忠诚者、虚假忠诚者、潜在忠诚者四类。一般认为，客户忠诚是由客户满意度决定的，但是实际上在声称对公司产品和服务满意的客户中，有多达一半以上的客户会转向其他企业。对这部分客户来说，企业就需要采取积极有效的措施，增加转移成本，迫使他们成为企业的忠诚客户。转移成本的构建在不同阶段策略不同，它的构建应与各阶段相匹配，如客户关系分为识别期、发展期、稳定期。只有转移成本与各阶段特点相匹配时，客户才能对企业主动忠诚，自愿被企业锁定。转移成本是造成客户锁定的直接原因，它能够锁定客户和阻止新厂商的进入，客户转移成本同时也是提高客户忠诚度的关键因素。只有客户对企业完全忠诚，客户即被牢牢地锁定在本企业中而带来长久的利益。如今有越来越多的企业认识到转移成本对客户忠诚度具有重要的影响，开始有意识地利用转移成本来挽留客户，以争取更多的甚至是竞争对手的客户。虽然表面上，客户具有充分选择的自由，但实际上，在购买或使用了企业的产品或服务的同时，也就与企业建立了某种程度的绑定关系。客户除了资金的投入外，还付出了时间和精力等，也就是付出了转移成本。

不过转移成本不宜过高，过高的转移成本容易引起客户的抵触情绪，增强客户转移到其他供应商的意愿。转移成本的设置要结合产品特点、行业特点和客户特点，不可脱离实际需求。

第三节 高科技企业商业模式正在发生根本改变

一 传统商业模式观念的转变

（一）商业模式的定义

商业模式描述的是一个组织创造、传递以及获得价值的基本原理。一个完整的商业模式往往由客户细分、价值主张、渠道通路、客户关系、收入来源、核心资产、关键业务、重要合作和成本结构9个模块组成①。这9大模块可以展示出一家企业寻求利润的逻辑过程，其中，客户细分模块描述企业服务不同的人群和机构②。价值主张模块描述企业为客户提供有价值的产品和服务。渠道通路模块描述一家企业向客户传递价值主张的联系方法。客户关系模块描述一家企业与不同客户所建立起来的关系类型。收入来源模块描述企业获得的利润。核心资产模块描述保证商业模式正常运转的企业资产。关键业务模块描述保证商业模式正常运行所需进行的业务基础。重要合作模块描述企业商业模式正常运行所需要的合作伙伴网络。成本结构模块描述商业模式运营所需要的全部成本。这9大模块涵盖了商业主体的4个主要部分：客户、产品或服务、基础设施以及金融能力。商业模式就像一幅战略蓝图，可以通过组织框架来实施。

---

① 邓绍武：《面向小微企业的财务代理商业模式研究》，硕士学位论文，深圳大学，2017年。

② [美]克拉克：《商业模式新生代》，机械工业出版社2012年版。

（二）传统商业模式的转变

传统商业模式更注重于自身的核心资产与产品，但是随着时代的进步和科技的高速发展，传统企业的竞争方式和商业模式也在发生改变，在商业模式理论探索的早期，学者们关注更多的是企业如何获取利润，但随着研究的不断深入、研究角度的多样化，加之实践给予的启示，商业模式不仅仅将价值创造作为成功与否的重要因素，而且价值传递和价值获取也具有重要的商业作用。很多学者认为商业模式的核心是价值的创造、传递和获取。如今把客户价值作为出发点，以客户为中心实施价值创造和价值传递，在实现客户价值的基础上，实现企业价值，这是商业模式中的关键逻辑，因此客户锁定战略成为影响当今企业竞争力的主要战略之一。

在当今，我国市场经济开放程度越来越高，市场竞争越来越激烈，市场中的大部分产业已变成完全的买方市场，在这种市场条件下，"客户为企业之本"成为企业的重要生存之道。企业获得的客户和留住的客户越多，占有的市场份额也就越大，所获得的利润也就越多，所以说企业要长期生存，就必须把客户需要作为企业发展的根本立足点，也就是我们所说的客户观念。客户观念与传统的产品观念不同，传统的产品观念靠提高产品功效、降低产品价格等来吸引客户。客户观念改变了传统的从产品切入的做法，转而从客户需求出发，分析客户潜在和真实的需求，按照客户所需生产产品，而不再是按照企业需求生产产品。衡量产品价值时也不再单一从产品性价比考虑，还加入了客户满意度、现有客户黏性、客户份额等衡量指标。观念的改变一方面因为市场上供求关系发生改变，供大于求，客户在交易中话语权增大；另一方面，在互联网经济背景下，信息化程度越来越高，客户获得信息的成本越来越低，获取信息的渠道越来越多，改善了传统经济中交易双方的信息不对称，迫使企业重视客户。在注重客户观念的理论中，产品价值由产品自身使用价值和客户赋予的附加价值共同组成，衡量的标准也在传统的经济指标中加入了情感因素的衡量指标，如客户使用产品所带来的快乐和满足感。客户观念的形成增强了企业的竞争优势，提高了企业的盈利能力。在声称对产品和企业满意甚至十分满意的客户中，仍然有超过半数的客户会转向其他产品，只有不到一半的客户会产生像他们声称的忠诚，主动重复购买。企业最终能否锁定客户，客户是否对企业保持完全忠诚，关键还是取决于企业战略的制定与执行。我国高科技企业和传统企业在竞争过程中的表现如表3-1所示。

表3-1　　　　　　传统企业和高科技企业竞争特征比较

	传统企业	高科技企业
竞争规则	低成本、差异化	差别定价、标准竞争、捆绑销售、锁定
竞争内容	土地、原材料、劳动力	知识、资金
竞争方式	对抗性	合作与共赢
竞争结果	规模经济下多家企业共存	赢家通吃、锁定

资料来源：作者整理。

1. 转变竞争规则

传统企业的产品差异化或者低成本的竞争策略不再适合高科技企业，低边际成本和高固定成本以及网络的外部性确定了高科技企业的基本竞争策略，如标准竞争、差别定价、锁定和捆绑销售等。

2. 转变竞争内容

高科技企业的竞争重点不再是劳动力、原材料、土地，而是资金和知识。

3. 转变竞争方式

传统企业的竞争呈现出对抗性，因为传统企业涉及的竞争资源，如劳动力资源、原材料、土地等都具有排他性。高科技企业竞争的实质是知识的竞争，不具备排他性，所以高科技行业鼓励企业间的合作共赢。

4. 转变竞争结果

从全球市场来看，高科技企业与传统企业竞争结果也存在差异，传统企业的竞争结果是在规模经济下多家企业共存，高科技企业竞争的结果往往是赢家通吃与锁定。

二 高科技企业面临新的商业模式

高科技企业的发展水平在很大程度上影响着国家的产业竞争力。高科技企业作为转变发展方式的领头雁，是建设现代化经济体系的重要生力军。近年来，我国高科技企业规模持续扩大，研发经费和人力资源投入逐年提高，高科技创新能力进入活跃期，产生了一批具有国际竞争力和影响力的创新区域和高科技企业。高科技企业发展前景广阔，随着对外开放程度的持续推进和市场体制的完善，高科技企业战略定位的确立、商业模式的选择调整、经营机制的制定方面的改变都导致了行业格局的变化。

高科技企业竞争特点的变化决定了其商业模式面临根本转变。新兴产业在2008年国际金融危机后进入了新一轮的竞争。2012年国务院通过印发《"十二五"国家战略性新兴产业发展规划》，将节能环保、新能源、生物、高端装备制造业、新材料、新能源汽车和信息技术7大领域作为新一代战略性新兴产业培育重点，依靠高新技术发展推动产业转移，通过产业集群和建立区域特色产业基地，提高制造业生产经营能力。

有关信息技术、新材料技术和新能源技术等知识密集型的高科技产业迅速崛起，推动了全球产业结构的调整和升级。全球经济的竞争焦点也从劳动力等传统生产要素向智力密集的高科技企业转变，我国对高科技企业的发展也极为重视，并采取了一系列措施鼓励高科技企业的发展。由于高科技企业的基本特征建立在高技术之上，因此，高科技企业的创新是非常重要的，它是高科技企业竞争优势的来源，是提高高科技企业竞争力的一个主要途径，也是实现中国高科技产业跨越式发展的重要保障。社会经济的发展更是离不开高科技产业，高技术的发展对经济发展起到引领带动作用，对于调节经济增长方式、增强经济可持续发展能力都具有重大意义。尤其是对于传统产业优化升级而言，迫切需要高科技企业的牵引和带动。如互联网和移动通信的发展带动信息产业升级换代，推动一些传统的制造业向智能化、数字化、绿色化特点转型。在互联网的时代，高科技企业的商业模式有以下几种。

（一）长尾商业模式

2004年克里斯·安德森首次提出了解释互联网企业运营模式的"长尾理论"，认为"只要存储和流通的渠道足够大，需求不旺或销量不佳的产品共同占据的市场份额能和数量不多的热卖品所占据的市场份额相匹配甚至更大"。长尾理论的出现使企业的经营理念由注重大众产品的生产转向注重利基产品[①]的生产，满足消费者个性化需求，实际上是一种需求方的规模经济，与传统经济的供给方规模经济有着较大的区别，即消费者成为企业产品生产的直接动力，具有产品选择的主动权。在长尾商业模式下的企业一般致力于提供多种产品的销售，每一种产品的销售量相对来说比较少，但是这些小众商品的销售总利润却比较可观。长尾商业模式不同于传统模式，以销售畅销商品来获得企业绝大部分收益。在长尾商业模式中，要求企业能够有较低的库存成本和强大的平台，从而保证所拥有的小众商品能及时被客户所购得。在互联网发达和科技快速发展的时代，长尾商业模式变得可行。高科技企业的技术成本逐渐降低，使得产品的生产成本降低，让原来

---

① 指该产品表现出来的许多独特利益有别于其他产品。

投入较高成本的小众产品生产成为可能；电子商务的发展开拓了各类商品的销售渠道，让商品可以打破地域的阻碍，面向更多的客户，极大地降低了商品的库存和交易成本，给商品开辟了新的市场；互联网的发展，使得人们之间的信息交流变得更加频繁和迅捷，志同道合的人能够较容易地聚在一起形成网络社区。越来越多的兴趣社区平台将小众商品在社区内大众化，降低了企业和客户之间的搜索成本，同时强大的搜索引擎能够使企业和客户进行有效的对接。总的来说，长尾商业模式对企业的发展具有重要的作用，加速了高科技企业商业模式的变革。同时，高科技企业也认识到长尾效应再怎么具有优势，也是建立在企业主营业务的基础之上的，一个企业在成长期如果没有主流客户的支撑，仅仅依靠小众产品来发展壮大是比较艰难的。

（二）多边平台商业模式

在多边平台商业模式下，多个平台将多个独立的、相互依赖的客户群体集结在一起，其中某个平台中客户群体的价值取决于另一平台客户群体的价值，即企业通过不同客户群体之间的互动来充当媒介进行价值的创造。通常平台运营商会通过为一个群体提供免费的服务来吸引他们，并依靠这个群体来吸引与之相对应的另一个群体或多个群体。多边平台商业模式主要基于网络效应。比如腾讯的QQ是免费的，但面对巨大的客户群，无论开发什么业务，都能找到收入来源；计算机的操作系统将计算机硬件生产商、应用程序开发商与客户群体连接起来；电子游戏将游戏的开发商与游戏玩家连接起来；苹果公司的应用商店将移动应用程序的开发商与客户连接起来。多边平台商业模式的核心资源是平台，平台管理、服务提供和平台推广是其十分关键的业务。这个商业模式通常在三个方面创造商业价值。第一，吸引各类客户群体；第二，作为客户细分群体的媒体；第三，在平台上通过渠道化的交易降低成本。比如谷歌，提供免费的业务（如搜索引擎、谷歌地图），吸引更多的客户，提升了对广告主的吸引力。

(三）免费商业模式

至少有一个关键的客户群体能够在免费的商业模式下持续地享受到企业的免费服务，这类客户群体既是企业的客户，又是能够为企业带来收益的资源，不付费的客户他们所得到的服务并不是免费的，他们的服务来源于其他付费群体的财务支持。通常平台运营商会通过为一个群体提供免费的服务来吸引他们，并依靠这个群体来吸引与之相对应的另一个群体或多个群体。免费的东西的需求永远比其他付费商品的需求要高，在互联网和高科技快速发展的时代，免费的商品呈爆炸式的增长，但商家要获得利益，必然要寻找到利润的来源点。让免费的产品和服务在企业的商业模式中变得可行，有以下几种方式：①基础产品和服务是免费的，而对于增值服务的部分是收费的。现行的网络游戏大部分都是免费的，但是游戏里一些其他的增值服务却是收费的，如手机游戏王者荣耀，客户可以免费玩，但是其中的部分装备等需要客户另行购买。②免费客户获得有限服务。如雅虎旗下的图片分享网站 Flickr，客户可以免费获得一个基本账户，基本账户的免费服务有一些限制，例如，有限的照片储存空间和可上传的照片有一定的数量限制，但支付少量的费用就能获得无限量的储存空间和无限制的上传照片数量，以及可以享受其他的一些额外功能。③基于多边平台的免费商业模式，企业的收益来源于其他愿意为免费客户群体支付费用的客户群体。如谷歌的 adwords 服务，广告商可以在上面投入广告以及链接网址，广告商能否得到相应的回报取决于网站吸引到的客户数量。因此，谷歌为客户群体推出了强大的搜索引擎服务和诸如 Google 邮箱、Google 地图等一系列工具，以此来吸引客户。在这个多边平台上，谷歌对上网浏览者提供免费的产品和服务，其利润来源于广告商。

三 转移成本下高科技产业创新商业模式的路径与策略

高科技产业一个重要的特点就是高风险与高收益并存,在高科技领域,创新者需要投入大量资金,以确保高科技企业的孵化和培育,激励高科技企业进行商业模式创新的根本动力是高风险带来的高收益。在创新商业模式过程中构建转移成本,一方面有利于高科技企业更好地锁定客户,为企业获得长期稳定的利润来源;另一方面有利于企业稳定市场份额,形成行业竞争优势。如苹果手机商业模式创新是通过采用苹果独特的 IOS 应用商店生态系统,降低企业与其他产品的兼容性,提高客户转移的门槛。

高科技企业初始固定成本较高、边际成本较低的特点使得客户免费策略在高科技产业中被广泛采用。客户免费策略开启了商业模式的革命,客户免费策略是通过免费向客户提供其感兴趣的产品或服务的形式,降低客户转移成本,提高客户黏性,增大客户规模。对于高科技企业而言,客户规模是高科技企业盈利的关键。企业经营性质决定企业经营的主要目的是赚取利益,如果企业一直采用客户免费策略,企业将无利可图,甚至难以运营。实际生活中,企业通常只在交易初期采用客户免费策略,用免费吸引客户体验其提供的产品或服务,当客户在初期免费体验时付出程序型转移成本,结束后若想更换供应商,就会发现存在退出壁垒。这种壁垒可能表现为客户需要为转移供应商支付额外的费用、花费更多的时间、精力,或损失部分感情利益。因此,多阶段定价策略应运而生,企业多阶段定价策略表现为存在二次定价或价格歧视。在客户免费策略下,客户早期接触到高科技企业时免费,待客户与企业交易关系稳定后,企业再提高定价获取利润。当客户意识到企业提供的产品和服务不再免费时,已经掉入企业精心设置的陷阱中,使用习惯带来的学习型转移成本、客户关系带来的关系型转移成本使客户自愿付出一些货币转移成本来维持原有的交易关系，不会轻易发生供应商的转移。

高科技产品与传统产品性质不同，高科技产品可替代程度较低、附加值较高、客户转移成本较高，容易被客户感知。传统产品由于其可替代程度较高、附加值低、转移成本不易被客户感知，所以传统产品的竞争一般表现为价格战。高科技产品的竞争不再局限于直接的价格竞争，更多的竞争在于提高客户的转移成本，避免客户的流失，稳定客户关系。

伴随着客户补贴策略在市场上的兴起，客户开始对其产生审美疲劳。客户补贴策略在某些行业领域的效果开始下降，客户对其"免疫力"增强。这种形式下，市场竞争更趋白热化。客户补贴策略制造出一场客户狂欢的盛宴。如淘宝、京东各大电商网站于每年的12月12日推出的大型网络购物狂欢盛宴。2014年支付宝仅在"双十二"当天发给客户的补贴就接近人民币1亿元。2017年支付宝为了鼓励客户使用支付宝进行线下支付，以推荐即可获得赏金的补贴模式，培养客户线下支付习惯，同时，也培养线下商家使用支付宝钱包收款的习惯。客户补贴的方式最早出现在2014年年初，打车软件为了培养乘客出行习惯，对乘客乘车费用进行代金券优惠补贴。其他行业的客户补贴逻辑与支付宝、打车软件补贴逻辑一脉相承。

客户消费习惯的养成由学习成本、信任成本、关系成本等支撑，客户锁定型商业模式得以建立。2016年年底出现的共享单车也是采用客户补贴的方式去培养客户的使用习惯。

转移成本和客户锁定成为高科技产业领域先行者的正向激励工具。面对全球经济一体化形势，各国的高科技企业不管是主动出击，还是被动接受，都不可避免地受到来自全球化竞争的压力。随着全球化工业进程的深入，我国政府对高科技在经济增长以及国际竞争力中的重要作用越来越重视。国家高科技产业开发区的建设在营业总收入、净利润、实交税金以及出口创汇等方面均有显著提高。在这一产业领域不断涌入新的进入者,拥有规模客户的行业先行者通过转移成本的构建,限制客户转移到其他供应商。高科技市场风险不确定性强,客户掌握的产品信息不充分,都会在一定程度上降低客户转移意愿。当客户从现有供应商的产品和服务转移到其他供应商提供的产品或服务时,转移成本越大,转移倾向越低,此时客户不仅对于现有供应商产品的价格敏感度会因为转移成本的存在开始下降,对质量的感知度也会弱化。

最早电脑键盘字母的排列顺序和字母表排列顺序一致,但在实际使用中,发现使用最多的字母都不在中间,客户的使用效率低下,后来为了提高打字速度,键盘发展成了我们现在经常使用的 QWERTY 键盘。当客户都习惯 QWERTY 键盘后,熟练掌握了使用方法的客户不愿意再学习其他字母排列顺序的键盘,从而被 QWERTY 键盘锁定。转移成本阻碍竞争对手进入市场,帮助企业形成竞争优势。对高科技产业而言,转移成本的构建对于行业先行者正向激励作用尤其明显,产业内创新氛围浓郁,产业发展迅速。

第四节　转移成本在客户锁定商业模式中的运用

一　快的、滴滴的客户补贴与互联网产品营销策略

当今经济快速发展,网络营销大行其道,高新技术广泛使用,使用智能手机上网成为人们新的习惯。人们通过移动互联网浏览网页、社会交往、购物、学习等,移动互联网成为 21 世纪新的传播领域,未来互联网的发展重心将由电脑端向手机移动端转移。在移动社交被广大群众大力追捧的同时,其凭借自己的优势吸引了越来越多的商家入驻,商家群体以社交媒体为平台发展新兴的商业圈,并吸引了众多消

费者进入。随着网络经济时代的到来，移动互联网消费已经成为时代的潮流，互联网公司为了在未来移动端市场拥有广大的基础客户群，在免费使用互联网产品的常态下做出了补贴客户的营销策略选择。2014年交通运输部下发的《关于促进手机软件召车等出租汽车电召服务有序发展的通知》中明确指出出租汽车电召服务包括人工电话召车、手机软件召车、网络约车等多种服务方式。其中，手机软件召车能够为乘客提供高效便利出行服务，有利于提高服务效率和服务水平；人工电话召车能够为不使用手机软件召车的乘客提供基本电召服务，可有效保障群众公平享有便利出行服务。这肯定了打车软件对社会、用户甚至未来智能交通出行的价值和意义。为了建立起一定的客户基础，为进一步的商业模式探索做好准备，各打车软件开展了"打车补贴大战"，打车补贴作为一种时下流行的交通出行营销策略，其作用的力度大、范围广，对边际效用较大的潜在客户进行补贴，可以促使他们采取实际的行动进行消费，也在一定程度上提高了现有客户活跃度，不过同时出现了客户锁定效果不显著、补贴时间和方式不大合理的问题。

（一）客户补贴

移动互联网的发展和普及使得人们的生活方式不断进步、更新，大量的基础客户将有利于互联网公司未来一系列相关产品和业务的推广和发展，如何把数量庞大的网民转化成互联网公司的长期有效客户，成为当下各家互联网公司亟待解决的问题和竞争的焦点。

在处处收费的时代，大多数互联网公司提供的免费的客户体验已经使客户"免疫""无动于衷"，甚至仅仅免费已经满足不了客户。在传统的营销模式中，客户接受一样新的产品大多是通过传统的媒体传播渠道，为此商家要在电视、报纸和多媒体等投入大量的广告经费。现如今，滴滴打车和快的打车软件家喻户晓，也并未见其在腾讯和阿里巴巴公司投入大量的广告。因此，客户补贴活动看起来更像是一种营销行为，类似于滴滴打车和快的打车把在传统媒体渠道宣传的广告费直接分发给客户，效果比广告见效更快、更好。虽然打车软件之间的"烧钱补贴战"持续了一段时间后补贴力度大大下降，客户使用率有一定程度的下降，不过打车软件还是在很大程度上提升了出租行业的运转效率，"经常打车的乘客"作为真正的目标客户群还是会照样打车，而不打车的客户也并非通过补贴手段就能强求的。

客户补贴的形式多种多样，常见的主要是返现、立减和红包三种。返现是在客户通过移动支付端支付全额后再返还一定数额给客户；立减主要是客户在使用移动端支付过程中，达到一定的支付额后第三方支付提供的随机或指定一定数量的减免补贴额度，直接减少客户实际支付的数额；而红包补贴的发放主要是在客户支付前或支付后，在客户下次消费满足一定数额时可以充当一部分现金。客户补贴的互联网产品营销模式实际上也是一种品牌宣传手段，开发新客户、锁定现有客户，目的是让领取补贴的人初步接触、深入了解现有的产品及服务，进而达到传播品牌形象的目的。在有了大量忠实的基础客户群后，互联网公司在未来再开展新的互联网业务时便有了广阔的客户市场。

在2015年的春晚上，微信通过"红包""摇一摇"迅速绑定2亿银行卡，意味着微信支付新增2亿客户，是支付宝花了8年时间才完成的目标。支付宝从手机客户端免除电脑客户端1%的转账费用，到使用支付宝支付随机立减攻占各大超市和街边小摊贩及2016年春节的"集五福"分2.688亿元红包，实质上是从免费到"倒贴"的转变。互联网产品的客户补贴这一在互联网产品市场中快速发展的新生事物，展现出了一些与普通补贴政策不同的特点。

（二）互联网产品客户补贴的力度较大、范围较广

1. 客户补贴的相对数额大

互联网产品客户补贴的力度大，指的是补贴的额度占支付总额的

比例较大。从 2014 年开始，互联网产品客户补贴的力度逐渐加大。2014 年 1 月 10 日起，微信和滴滴打车联手在全国的 32 个城市开始移动支付补贴，如在滴滴打车软件上使用微信平台支付的乘客可以减免打车费用 10 元，司机获得补贴 10 元，平均每单出租车业务可以获得从 12 到 20 元不等的补贴；新乘客首单立减 15 元，新司机首单立奖 50 元。高峰期每单奖 11 元（每天最多 5 笔），非高峰期每单奖 5 元（每天最多 5 笔）；上海、杭州、广州、深圳每天最多奖 10 单。紧随其后的是，通过快的打车软件呼叫出租车，并通过支付宝移动端支付打车费用的乘客可获得 13 元的补贴，短程打车的乘客只需花费不到 1 元，甚至几分钱，即可到目的地。不单单是乘客，司机通过打车软件接单还可以获得 5 元到 10 元的话费补贴。滴滴打车和快的打车背后的腾讯和阿里巴巴公司不断调整补贴方案，2014 年 3 月底，滴滴打车公布，自补贴开始，其使用者从 2200 万人增至 1 亿人，日均订单数从 35 万个增至 521.83 万个，补贴达 14 亿元。虽然每单补贴已从最高峰时下降了 2/3，但每个月依然得砸下数亿元。

2. 覆盖范围广

打车补贴的范围广，从一开始在 32 个大中城市补贴，到全国的出租车补贴，不论乘客的性别、年龄等个体差异，只要使用打车软件并通过特定移动端支付的乘客都可以获得互联网公司的客户补贴。总的来说，腾讯和阿里巴巴公司所补贴的，是通过微信和支付宝移动支付方式支付的一切消费，只要在微信和支付宝绑定了银行卡的注册客户，不论个体差异如何，都可以获得客户补贴。

2015 年大年初一，通过微信摇一摇的活动共有 7500 万名客户领取到价值 30 亿元的商家优惠券，优惠券的平均优惠力度达到六折，参与此次优惠活动的商家共有 25000 家门店，包括酒店、餐饮、电商、零售、航空、金融、文化娱乐等多个领域。

3. 互联网产品客户补贴的边际效用大

（1）边际效用大的潜在客户更容易被转化成实际客户。总的来说，客户补贴的绝对数额都不算太大，例如，10 元的红包至少要消费 100 元以上才能够使用；移动端支付满 20 元随机立减大多是 2 元、1 元不等甚至只减几毛钱。但这 10 元甚至几元钱对不同的人群的效用是不同的，对经济状况较差的群体补贴 1 元钱的抵用券或红包的边际效用大于高收入群体；对精打细算的家庭主妇补贴 1 元钱的边际效用也会大于节约观念较薄弱的人群。对商品有较强的消费欲望，且金钱观念比较强的客户来说，他们更愿意花时间在收集优惠券和抢红包上，这部分人群大多是工薪阶层和学生群体，在出行方面他们更倾向于选择公共交通工具，对这部分人群进行打车补贴，他们更容易被转化为移动端的新客户。

从客户方面来看，通过客户补贴，滴滴和快的背后的腾讯和阿里巴巴等互联网公司直接降低了部分潜在客户购买打车服务期望价格，使价格降低到客户意愿支付的最高价格或以下，刺激客户增加消费。

2012 年中国打车软件开始兴起，累计注册客户达 400 万，2013 年的累计注册客户群数量开始井喷式上升，滴滴打车和快的打车分别获得来自腾讯和阿里巴巴的投资，市场规模进一步扩大，开始争夺基础客户群，2013 年年底打车软件开始与移动支付软件接轨；2014 年年初，互联网公司开始了补贴大战，在手机移动端通过滴滴打车和快的打车并使用微信和支付宝支付就可以获得腾讯和阿里巴巴公司的打车补贴，所以 2014 年的打车软件注册客户数量依然处于增长状态，到 2015 年，累计注册客户数量比 2014 年的有所增多，说明通过打车补贴确实扩大了打车软件的客户市场。

（2）边际效用大的客户的活跃性更容易提高。在 2014 年第一季度，客户活跃性与滴滴打车和快的打车第一季度高额打车补贴高度相关。滴滴打车的客户补贴额度最大，相应的客户活跃人数占滴滴打车注册客户总数的比例较大，高达88.40%；而资金能力较弱无法大力支持补贴的其他打车软件，和分别获得腾讯和阿里巴巴投资的滴滴打车和快的打车相比，客户活跃度很低，摇摇打车等打车软件客户活跃度都远低于10%。说明在互联网传统的提供免费客户体验的常态下，对基础客户适当提供补贴有助于互联网公司拓展客户市场，许多沉默客户转化为活跃客户，提高了客户活跃度。

4. 互联网产品客户补贴是一种价格歧视

一般来说，产品或服务销售量很大程度上决定了厂商的利润，但从经济学的角度来看，消费者剩余越小，厂商的利润就越大。打车客户补贴作为价格歧视策略的一种，极好地区分了两类客户：一种是愿意花时间和精力来搜索优惠信息的客户，另一种是不关心优惠信息的客户。这两类客户都愿意按照他们所能接受的价格来获得打车服务，从而实现消费者剩余最小化，厂商的利益得到最大化。

假设在一定的行车里程内，客户甲对一次出租车服务愿意支付的最高价格为10元，客户乙愿意支付的最高价格为8元，出租车收费超过8元时，乙会放弃消费出租车服务，而改乘收费更低的公共汽车。此时，滴滴或快的公司开始实行打车补贴的措施，每单补贴2元。若甲不愿意花费时间和精力去注册账号、学习使用打车软件，那么补贴2元对其影响不大，打车支付的价格依旧是10元。对于乙来说，节约的2元钱可以购买更多的其他商品，2元钱对于乙的边际效用比甲大，客户补贴把潜在客户乙转化为实际有效的客户，促使乙选择出租车出行，乙则能以其愿意支付的最高价格享受出租车的待遇。对出租车司机来说，客户补贴使其获得了乙这名新的乘客，增加了收入。区分经济状况不同的客户，让每类客户都有能力以不同的价格购买到相同的出租车服务，这是一种价格歧视。

打车的客户补贴要如何提高客户剩余呢？例如，在不超过出租车起步价格10元的情况下，若甲愿意去获得2元的打车补贴，使用补贴后其实际支付价格为 8 元，客户剩余增加 2 元。客户补贴额越大，乘客实际支付越少，客户剩余也就越多，花和乘坐公共汽车一样的钱就可以享受不拥挤、速度更快的出租车服务，但出租车司机所收到的打车费还是 10 元不变。当因接受客户补贴而受益的客户越多，新增加的打车乘客越多，每位乘客支付最高价格时，消费者剩余总和最小化，对出租车司机来说，也就达到了利润最大化。

5. 互联网产品客户补贴的营销模式更具娱乐性

以红包补贴为例，这种类型的客户补贴倡导更多的是一种娱乐精神。赋予新型互联网产品以游戏的属性和内涵，是目前互联网营销的主要手段之一。互联网是虚拟存在的空间，与传统的商品推销员与客户面对面、一对一的信息轰炸式推销不同，在互联网产品市场中客户具备更多自由选择的权利，尤其是互联网客户是一群喜欢接受新鲜事物的年轻群体，更崇尚以娱乐的方式来接受严肃的传统的事物。同时在以客户选择为导向的市场中，客户对长时间的客户端免费使用已经习以为常，如何摆脱传统的营销和单纯的免费模式，调动大部分客户接受新型互联网产品的积极性，成为互联网产品营销亟待解决的瓶颈问题，所以娱乐元素已经成为互联网产品营销的必备要素。

据统计，2015 年央视春晚与微信"摇一摇"活动互动总量达到了 110 亿次；除夕当天的微信红包收发总量达 10.1 亿次；2016 年的春节，支付宝的"咻一咻"活动参与次数高达 3245 次，是上一年微信抢红包互动次数的 29.5 倍，总共有 208 个国家和地区的客户参与到"集五福"的活动当中。由此可见，在互联网产品营销过程中，广大客户会受到客户补贴和娱乐性的元素相结合的营销模式的影响，这将有助于客户转移成本的提高和企业品牌的推广。

二　微信基于外接小程序的商业模式

（一）微信小程序

微信小程序是客户通过扫一扫或搜一下就可以打开应用的方式，实现了微信应用不需要下载即可使用的梦想。微信小程序申请主体类型多元化，可以为企业、媒体、政府、个人开发者和其他组织。主体类型与微信订阅号、服务号和企业号一致。微信小程序于 2017 年正式发布上线，触手可及、多入口以及强社交属性的特点使其瞬间引爆了整个互联网行业。截至 2018 年 1 月，微信小程序日活跃用户达 1.7 亿人，覆盖的服务包括 20 多个大类，200 多个细分类，用户在这些行业领域的小程序上消费意愿尤为明显，因此流量的增长也带来了商业类小程序的订单增长。相对于传统应用类 APP 而言，微信小程序无须担心应用软件额外占据手机储存空间，且应用无处不在，随用随关，无须安装。微信小程序不仅打破了移动 APP 对操作系统的限制，同时拥有跨平台、开发简单、维护升级便捷的特点。较传统 APP 应用而言，微信小程序不需要下载、安装、分配权限、反复登录，甚至卸载，大大减少了使用成本。由于可以直接引入原有微信用户，和微信公众号基本无缝衔接，甚至可以便捷地用微信扫码进入，因此上线不久就成功吸引各大企业竞相入驻。在微信小程序商业模式下，提高客户黏性成为竞争的根本途径。以支付宝与微信支付对比实证分析为例，微信虽然不像支付宝那样有自己的 APP，但微信移动支付市场崛起的速度不容小觑，微信支付其实也是一种典型的微信小程序。

（二）微信小程序的产品特点

1. 不需要下载安装

这是对现有应用程序很大的突破，对于 Windows 客户而言，在使用的过程中经常会用"应用管理"这样的程序，在里面看程序占用空间多大、是否卸载等。而智能手机对应用程序的管理则大大方便了客户，但是客户还是需要不断安装和卸载软件，而微信小程序实现了无须下载就能安装的功能，只需要通过触发某种场景客户就可以使用，而且使用起来没有任何门槛。例如乘坐公交、餐馆订餐、点外卖或者是打出租车或骑行共享单车等，都可以通过扫描相关二维码或者在小程序中搜索相关应用进入服务。

2. 使用方便

集众多的小程序于一身的微信，使我们能够简单方便地找到自己所需要的小程序，从而获取需要的产品和服务。这在很大程度上解决了以往需要不断安装 APP 来寻找自己的信息的难题，大大缩短了客户的时间成本和搜索成本。

3. 即时使用

在很多时候一些服务都具有一次性，如果客户为了一次服务而去下载相应的移动软件，则会大大增加使用成本。如一些餐馆的点餐服务，在信息时代，很多餐馆都有自己的手机移动 APP，这大大优化了客户的体验，但过程相对于微信小程序来说比较烦琐，使用微信小程序客户就可以免去高峰期亲自排队和下载移动 APP 的过程。

4. 无须卸载

客户访问微信小程序不需要程序管理器去管理它，所以没有卸载的过程。微信小程序和 APP 不同，它是更加灵活、唾手可得。

（三）微信的客户数据分析

智能手机在人们的生活中扮演着越来越重要的角色，可以说智能手机已经成为年轻一代不可缺少的工具之一。由于智能手机在我国发展得极其迅速，大多数年轻人能够很好地接受和使用智能手机，但是一些中老年人，他们接触智能产品的时间比较短，并不像年轻人一样从小就有这方面的知识灌输，同时接受新鲜事物的能力比年轻人稍弱，也不会像年轻人一样沉迷于智能手机的各类应用，他们使用智能手机仅仅局限于基本的社交聊天、视频,甚至连移动支付的功能也极少使用。经过调查发现,基本上所有使用智能手机的中老年人都会安装微信社交软件。2016 年,微信的客户群体 60% 左右是年轻人(年龄在 15—29 岁),在年轻人中的覆盖率超过了 90%。在微信的客户年龄构成中,30 岁及以上使用者占据整个市场的 40%,其中,中老年人使用者人数呈现增加趋势。根据《2016 年微信年度生活报告》总体数据显示,每天都有超过 7 亿人登录,日活跃用户较上年同期提高 35%,平台日音视频成功通话(微信视频和微信音频的通话每日次数)较上年同期增加 1.8 倍,平台日音视频成功通话超过 1 亿次。

(四)不同客户群体的消费分析

微信拥有巨大的年轻客户群体,这给微信小程序提供了很好的基础和平台。这些年轻人拥有猎奇心理,追求功能的新颖和潮流,传统厂商如果要增加新功能和修补一些软件的漏洞,往往比较麻烦,需要客户对手机上的 APP 进行更新,虽然说 APP 更新往往是为了带给客户更好的体验,但在更新时需要一定的时间和精力,反而让客户体验感有所下降,微信小程序能避免这种情况,从而给厂商提供了很好的更新和创新平台。例如大部分年轻人都或多或少玩一些网络游戏,市面上大多数玩家玩的都是腾讯的网游,微信上就有游戏 Q 币的充值服务,对比以前的游戏充值卡,显然微信小程序更受年轻人欢迎;在共享经济日渐受到瞩目时,共享单车进入人们的视野,作为新兴产品,微信小程序能够很好地把共享单车接入到微信当中,大大方便了客户的出行,给客户节约了大量的时间和精力。

对于老年人而言,更是如此,他们很少能接触到一些新推出的各类应用,往往都是年轻人先用,然后带动中老年人使用,这样会使他们常常不能用到最新最好的移动应用服务,微信小程序很好地解决了这个问题。由于微信的普及,一些中老年人都会基本的使用,基于微信小程序,中老年人客户可以享受医疗挂号、查询社保公积金、生活缴费等一系列服务，大大方便了中老年人的生活。微信小程序功能的逐渐完善，让老年人逐渐产生对微信产品的依赖，从而加强老年人对微信的客户黏性，因而微信小程序紧密地对中老年客户进行了锁定。

（五）有利于企业客户创新商业模式

微信小程序有利于企业客户扩大市场。小程序的价值对于厂商而言不是在技术上，而是企业客户能够通过微信小程序享受到整个微信生态及附属其上的相关资源，从而有利于企业客户扩大自己产品的市场，对于微信而言也有利于完善自己的产品生态系统，形成微信和企业客户双赢的局面。

微信小程序有助于企业对产品进行更新。人们在生活、工作、娱乐、消费等方面对手机移动应用有着多元化的需求，使得移动应用软件产品种类日益繁多，市场巨大。随着社会的进步，人们的需求每天都在发生着变化，为了更好地适应客户不断变化和增长的需求，提高客户黏性，企业要对本企业的移动应用软件进行持续的更新和维护，使得移动应用软件的使用感更佳，同时客户也需要不定期对自己手机上的应用软件进行升级、重新下载和安装，给客户带来了一定的麻烦，这种方式不仅不能对客户进行锁定，还可能增加客户的使用成本，对客户锁定造成一定的负面影响。微信小程序就很好地解决了企业对于移动应用软件维护烦琐的问题，客户无须下载就能使用，有较为全面的功能和好的客户体验，有效地实现了优质移动应用服务与客户需求对接。不仅有利于企业客户节约多平台开发的成本，还能降低客户的使用成本，有利于对客户进行锁定。

第四章　转移成本与高科技企业的客户锁定机制

目前，许多学术界的研究结果表明，客户转移成本是导致客户被迫对企业忠诚的主要因素。近年来，企业通过构建客户转移成本来提高客户被锁定程度的途径主要有两种，一种是通过提高产品和服务的质量从而提高客户对产品的满意度，诱导客户产生重复购买行为，帮助企业留住客户；一种是降低客户的使用成本，比如在产品投入市场初期采取低价格、高促销方式降低客户初次使用产品时的经济成本和搜索成本。

许多学者在研究转移成本与客户锁定机制的形成原理和作用机制方面取得了一定成效。初期，针对转移成本和客户锁定机制的研究，主要集中在转移成本与客户之间的联系，在后期逐渐被以转移成本的分类研究和影响因素研究所替代，研究经历了从表到里的发展阶段。转移成本是复杂的变量，为了高效运用转移成本和客户锁定机制，企业经营者在实际经营中必须结合行业特点构建转移成本，以更好地制定相应的客户锁定对策。

第一节　转移成本的基本原理

一　转移成本的形成原理

转移这个概念是商品在市场流通过程中被创造出来的，意为从一种存在状态转移到另一种状态。转移成本是指客户从某一产品或服务的供应商转移到其他产品时产生的退出壁垒。客户考虑时间成本、经历成本、精力成本等损失,不转移到新的供应商。

日常经济生活中,客户常常面临因转移成本过高,而被迫"锁定"的情况。如乘客更换航空公司时,可能会面临里程积分损失,积分损失意味着乘客不得不承担由于更换供应商带来的优惠权利丢失成本;在线下零售业中也存在这样的现象,当客户更换零售供应商时,会损失原始会员积分;在医药行业中,当客户转移到新供应商时,不仅要面对积分损失、优惠损失,还可能要面临新的信息搜索成本;在银行业中,客户从一家银行转移到另一家银行时,同样会承担相应的合约成本。不难发现,即使是面对提供相同性能、用途完全相同产品或服务的企业,客户也面临着许多的转移成本。这种成本只有在客户发生转移行为时才会发生。

转移成本使客户在更换供应商时感到已获得的利益会因为发生转移而减少。当客户的转移成本高于其转移收益时就会阻碍客户进行转移。客户从原供应商转移到其他供应商的成本越大,客户对原供应商的忠诚度就越高,转移到其他供应商的意愿或倾向就越低。提高客户的转移成本有利于企业加深客户锁定程度,也利于企业创建和提升竞争优势。

客户转移成本形成原理归结为三个方面:资产专用性、客户的有限理性、市场信息的不确定性。

(一) 资产专用性

某种资产只有与某项特殊用途结合在一起时才有价值,或者与其他用途结合时,即使有价值但与获得这项资产所进行的投入相比,资产所有者也是受损失的,说明该种资产具有专用性。专用性资产由特定的经济主体拥有或控制,只能用于特殊用途,转到其他用途或由他人使用,其创造的价值可能降低。简言之,资产的专用性就是该资产能够用于其他用途的替代程度和被他人使用时损失价值的程度。资产的专用性程度与资产转移其他用途,或他人使用后生产价值损失的程度成正相关关系,当资产使用的主体和资产使用用途发生改变,但资产价值没有变化时,资产就成了通用性资产,失去专用性。资产专用程度越深,其所有者被锁定的程度就越深,合作时掌握的话语权就越少,双方间的依赖程度就越深。高科技产品作为一种特殊商品,客户投资于某一产品或品牌后,需要付出高于传统商品的学习成本,所以高科技产品客户不轻易更换供应商,更容易被企业锁定在当前的产品中。

(二) 客户的有限理性

市场经济活动中,即使是理性的经济人,也不可能判断能力十足,他们较难清晰地知道对方的交易目的,为了使自己的利益不受损害,他们就会采取相应措施保护自己的利益,这在一定程度上加大了交易的成本。因为客户的转移行为不仅有直接感知的利益因素,还包括环境等因素。客户转移行为模型的计量公式为

$$B = F(P - P_1, P_2, \cdots, P_n; E - E_1, E_2, \cdots, E_n) \quad (4-1)$$

B 为客户消费转移行为,P 为客户特征,P_1,P_2,…,P_n 为客户特征的构成因素;E 为客户所处的环境,$E - E_1$,E_2,…,E_n 表示客户消费环境的构成因素。此公式说明影响客户做出转移决策的各种因素。

(三) 市场信息的不确定性

市场信息不确定性指的是交易双方不能完全了解对方的信息,主要表现为卖方和买方的信息不对称,市场信息的不确定性也称为市场信息的不完全性或信息失灵。在交易的过程中,买方只了解自己的购买需求、支付能力、产品偏好,但不清楚卖方的产品特点,如价格、性能、质量等,而卖方清楚知道产品的功能卖点、营销卖点,但不能知晓买方的各项信息。通常具有信息优势的一方就会获得更多的利益,这点在互联网背景下高科技企业中表现得尤为明显,比如医药制造企

业、电子信息企业、高新技术企业、互联网创业企业等，拥有信息优势的一方更容易在市场竞争中取得胜利。客户对产品信息的掌握程度不敌卖家，导致客户无法做出准确的购买判断。为了规避风险，客户在作出购买决策时往往依赖以前购买经验和购买感受，客户更换新的产品供应商时需要付出一定的成本，付出的成本包括时间成本和金钱成本等。

二 转移成本的构成要素

将企业转移成本分为以下几种：程序型转移成本，主要来源于客户更换供应商时在时间和精力上的付出；财务型转移成本，主要来源于客户更换新供应商时付出的经济成本和损失的经济利益；关系型转移成本，主要来源于客户更换新供应商时人际关系损失成本和品牌损失成本。

（一）程序型转移成本

结合高科技企业的特点，我们主要从程序型转移成本中的搜寻成本、学习成本、空间成本、时间损失成本、经济风险成本、建立成本进行探讨。

1. 搜寻成本

搜寻成本产生于客户搜寻新供应商的过程中。客户更换新供应商时，一般需要搜索两方面内容，一方面搜索新供应商提供产品或服务的价格、性能、质量以及新供应商信誉、品牌、历史，另一方面搜索客户更换供应商的必要性以及风险大小。消费者在搜寻过程中因存在将搜寻到的信息进行比较的活动，所以其搜寻成本应由搜索信息所花费的成本和处理信息所花费的成本组成。Stiglitz 认为搜寻成本直接影响客户做出购买决策且影响十分显著。消费者搜寻成本的高低影响市场的价格水平，搜寻成本越高则市场价格水平越高，相应的市场离散程度越低。虽然我们身处信息大爆炸的时代，获取信息十分方便，但真假信息的辨别难题却一直困扰着客户，由于信息不对称，客户不可能掌握产品的全部信息[①]。不仅如此，转移供应商的交易过程中，搜索成本很难量化，搜索成本与搜索范围、搜索方式、搜索途径还有搜索主体自身对信息的处理能力有关。

2. 学习成本

学习成本是指客户转向其他供应商时，需要再耗费时间、精力去学习新产品的使用方法和掌握新产品的使用技巧。在医药产品领域，药品零售商需具备一定的专业知识背景和相应资质证明。如果零售商更换供应商，需要花费额外时间、精力去了解新产品性能、使用方法和潜在风险等，此时零售商更换供应商的感知风险较大，转移倾向较低。高科技产品的学习成本表现为客户在刚接触到高科技产品时，对产品的功能不太熟悉，使用不太习惯，只能在使用前期投入学习成本以便日后使用。

3. 空间成本

空间成本是由于地理位置不同带来距离远近导致的额外成本，因为位置差异不可避免，所以客户购物空间成本无法消失，空间成本大小与区域内很多因素有关，如区域内交通运输费用、交易制度、交易方式等都能在一定程度上影响客户交易时的空间成本。

4. 时间损失成本

时间损失成本是指客户因为更换供应商所要花费的时间成本，这类时间成本可以因不转换供应商而避免。资源具有稀缺性，时间属于稀缺资源。随着现代生活节奏的加快，人们对于时间敏感性越来越强，客户有时宁愿损失一定的经济成本也不愿意花费过多的时间在购买

[①] Stiglitz J. E., Hon-linear Pricing and Imperfect Information: the Insurance Market, *Review of Economics Studies*, 1977 (44): 407–430.

选择上。一般而言，收入越高的客户对于时间成本的敏感性越强，他们在购物的时候希望得到随叫随到、即开即用的客户体验。这类客户除非现有产品不能满足他们需求，否则较少发生主动转移。

5. 经济风险成本

经济风险是指客户在更换供应商后，由于客户和供应商之间信息的不对称带来的转移后购买的产品质量或服务还不如之前的风险。经济风险成本在高科技产品中表现得尤为明显，高科技产品具有很强的兼容性要求，客户一旦更换供应商失误，可能会造成之前购买的产品价值完全丢失，即高科技产品客户转移时面临较高的沉没成本所带来的经济风险成本。

6. 建立成本

建立成本是指客户在更换供应商时，需要花费一定的时间、精力与新供应商建立关系。如客户在初次使用互联网工具类产品时，需要花费一定的时间和精力注册账户，才能享受企业为其提供的产品和服务。建立成本在客户意图转移到其他供应商时起到了一定的限制作用，客户可能出于担心个人信息泄露，或再次注册绑定身份信息过程烦琐而选择放弃。

（二）财务型转移成本

与客户程序型转移成本不同，客户财务型转移成本是可以计量的财务资源损失。主要是客户在转移时形成的金钱损失成本和利益损失成本。

1. 金钱损失成本

金钱损失成本是客户在更换供应商时，所要面临的货币支出成本，例如注册新供应商账号，可能需要支出的额外注册费用，或与原供应商合同期还没结束所面临的合同违约成本。客户在与原供应商合作的过程中，已经支付过一定的金钱成本，但这些费用在客户转向新供应商时流失，造成客户的沉没成本。

2. 利益损失成本

利益损失成本产生于忠诚客户可以享受企业提供很多价格优惠、服务特权等，如果忠诚客户更换供应商，将会失去这些优惠权利。针对客户价格优惠常见的有积分优惠，客户可以通过积累消费获得积分，通过积分兑换礼品或直接折现；针对客户服务特权的优惠常见的有 VIP 服务，VIP 客户可以享受会员专享折扣、会员专享服务、礼品等。与金钱转移成本可衡量性不同的是，利益损失成本只有部分可以衡量，如利益损失成本中客户特权利益损失成本很难量化。

（三）关系型转移成本

关系型转移成本主要是由于客户情感或心理损失导致的转移成本，涉及交易主体改变，或原有契约关系被打破而导致的心理上和情感上的损失。关系型转移成本由人际关系损失成本、品牌关系损失成本、心理损失成本构成。

1. 人际关系损失成本

人际关系损失成本是指客户转向其他供应商企业时，导致在人际关系上的情感损失。一般而言，老客户与原供应商交易关系稳定，老客户因此可以享受到较其他客户更优质服务水平，以及更优惠的价格，这也在一定程度上限制了新供应商的进入，帮助提高现有客户的锁定程度。如腾讯 QQ、微信、微博等互联网社交软件工具类产品，如果客户转向新的社交软件供应商后，势必会造成客户人际关系上的损失。如果客户是商人，可能还会造成客户潜在经济成本的损失。

2. 品牌关系损失成本

客户更换供应商时，企业可能会失去和原供应商的品牌关联度及造成客户在社会认同等方面的损失就是品牌关系损失成本。品牌关系成本与利益转移成本、金钱转移成本不同，品牌关系成本难以直接量化和衡量，是企业输入给客户的无形成本。品牌关系损失成本主要侧重的是客户对新旧供应商转换前后的感知差距。品牌关系的主体是企业与客户,当客户从原供应商转移到新供应商时,可能会失去与原供应商形成的良好关系和品牌关联度,造成原供应商在品牌形象上的损失。

3. 心理损失成本

心理损失成本在一定程度上阻碍客户从原始供应商转移到新供应商,高科技产品大多是经验商品,客户因对产品功能、性能、使用等信息掌握不充分而不愿意转移,客户倾向于从消费习惯、品牌忠诚或消费偏好考虑做出购买决策。如果客户在使用某类产品以后,再也不愿意使用其他公司提供的同质化的产品,那么该类客户在转换供应商时就要承担相应的心理损失成本。

三 转移成本的影响因素

Burnham 等针对美国长途电话业和保险行业研究了程序型转移成本、财务型转移成本和关系型转移成本。这三类客户转移成本的影响因素分别是市场特性、消费者投入和行业经验[1]。白鸣认为,产品复杂性正向影响结构转移成本和关系转移成本;网络集中度正向影响结构转移成本;网络密度正向影响关系转移成本;信任负向影响结构转移成本,而与交易转移成本和关系转移成本呈正相关关系;社会联系正向影响关系转移成本[2]。桑辉研究了网上银行客户转移成本的影响因素,将客户转移成本分为程序型转移成本、财务型转移成本和关系型转移成本,实证研究了产品复杂性、产品异质性、在线关怀性、在线便利性、使用的宽度和相关经验这些因素对三种转移成本的影响作

---

[1] Burnham, T. A., Frels, J., K., & Mahajan, Conmusers Switching Costs: A Typology, Antecedents, and Consequences, *Journal of the Academy of Marketing Science*, 2003, 31 (2): 109 – 126.

[2] 白鸣:《转换成本对满意网店忠诚关系的调节作用研究》,硕士学位论文,大连理工大学,2008 年。

用，并将结果很好地应用于网上银行这一领域①。

综上所述，迄今为止，国内外不同学者对客户转移成本的影响因素进行了深入的探讨，认为影响转移成本的因素有很多种，同时构建转移成本的前提是掌握各影响因素占比大小。之后，Schmalensee 将心理因素加入到转移成本影响因素的研究中。他认为客户之所以做出这种非理性选择，是因为存在客户偏好和认知有限性②。客户偏好是基于以往的客户体验或者是客户个人习惯，客户的认知有限性是基于市场中的信息不对称。分析影响高科技企业客户转移成本因素，既要从高科技企业方面考虑，也要从客户角度探讨，诸如产品品质、文化、地域、客户与供应商的关系、客户心理、技术等都是转移成本的影响因素。

（一）产品品质

衡量产品品质好坏的关键在于比较不同产品的功能、种类、数量、使用方便程度、作用效果快慢、互补产品规模等。

Burnham 等通过实证研究得出产品质量对财务型转移成本和程序型转移成本呈正相关关系的结论③。以我国医药企业为例，我国高科技企业中的医药企业依托我国植物、动物、矿物资源储量丰富的优势，进行传统药品制造工业的升级优化，提高药品专业疗效的同时降低毒副作用，打造我国医药企业竞争优势。各医药企业对某些疑难病症的治疗方面颇具特色，如对治疗类风湿、瘫痪、跌打损伤、高原不适应症等其他疑难杂症具有独特的治疗经验，有的疗效已达到国际领先水

---

① 桑辉：《网上顾客转换成本的影响因素及其结果的实证研究》，《南开管理评论》2007 年第 6 期。

② Schmalensee, Richard, Brand Loyalty and Barrier to Entry, *Southern Economic Journal*, 1974, 40: 579 - 588.

③ Burnham, Thomas A., Judy K., Frels, and Vijay, Mahajan, Consumers witching costs: Atypology, An tecedents and Consequences, *Journal of the Academy of Marketing Science*, 2003, 31 (2): 109 - 126.

平。可见，高科技产品不同于普通商品，产品相对特殊和复杂，产品越特殊复杂，客户就必须为学习和努力适应新的知识而付出更多的时间和精力，并因理解困难而产生的不确定性，使得客户感知到更高的风险，从而感知到的转移成本也就更大。

（二）文化因素

文化环境一般指在某种特定社会形态下，已经形成的价值观念、宗教信仰、道德规范、审美观念以及社会风俗。文化因素是无形的，但文化对消费形成的影响具有很强的持续性。

客户的价值观念在一定程度上反映了客户对失误的态度和看法。在不同文化背景下，人们的价值观念不同，而客户的消费需求和消费习惯都是基于价值观念产生的。一种新产品的消费，会引起社会观念的变革。而对一些注重传统、喜欢沿袭传统消费方式的客户，企业制定促销策略时应注重目标市场的文化传统，将文化与客户购买习惯结合起来。

风俗习惯是指历代个体或集体在特定社会文化区域内共同遵守的行为模式和规范。风俗习惯是影响客户做出购买决策的主要文化因素之一，涉及客户生活的方方面面，包括客户的居住习惯、饮食习惯、出行习惯、交往习惯、商业习俗等。不同文化传统导致客户行为也存在不同的购买讲究和购买禁忌。不同风俗习惯对客户购买行为产生的影响也是企业成功经营的前提之一。

宗教信仰是影响客户行为的主要因素之一。宗教信仰是信仰和崇拜超出自然的神灵而产生的一种社会意识形态。由于不同国家或地区的宗教信仰不同，企业在进入相应领域时需要区别对待。

（三）地域因素

地域因素是影响高科技客户转移的主要因素之一。在经济发展较快的地区，高科技企业规模较大、数量较多、发展较好，市场上高科技产品竞争较为激烈。激烈的市场竞争迫使企业采用多元化的营销策略去争夺客户。此时企业一般会通过降低客户的进入成本或者提高客户的转移成本来维持自己的市场份额。近年来兴起的共享单车企业的发展就能很好地说明地域因素对于高科技企业发展的影响。选择人口密度大和人口集中的大型城市为首发试点城市的摩拜和 ofo 后来成为共享单车行业的主要企业，而首选重庆进行试点的悟空单车成为第一家失败的共享单车企业。

（四）关系因素

不同主体导致企业同客户之间的关系既包含了客户与供应商的关系，又包含了供应商与零售商的关系以及零售商与客户的关系。关系对于客户购买行为的影响既有直接关系又有间接关系。直接关系体现在企业的品牌形象、口碑、信誉上，间接关系体现在社会关系、合作关系、人际关系上。Gefen（2003）通过实证研究论证了社会关系、信任、合作影响客户转移[1]。Jackson（1985）则认为关系因素是影响客户转移成本的关键因素，同等情况下，客户选择更深入了解地企业的意愿更大[2]。在高科技市场，产品客户宁愿花费高成本，也要选择服务质量较好的企业。高科技产品和普通产品有所不同的是，客户在做出购买决策之前往往对普通产品有一定的认知，但对于高科技产品却不太了解甚至都没有什么概念。此时客户往往会更倾向于购买知名度较高的企业的产品。

（五）心理因素

客户的心理因素包括客户感觉、知觉和情绪等。Schmalensee 指出，客户转移行为与客户心理有关，市场上有的客户是不完全理性的，品

---

[1] Gefen, D., Trust and TAM in Online Shopping: an Integrated Model, *MIS Quartery*, 2003, 27 (1): 51-90.

[2] Jackson, B. B., Build Customer Relationships That Last, *Harvard Business Review*, 1985, 35 (63): 120-128.

牌忠诚、习惯、产品偏好等因素都会影响客户做出购买决策①。西蒙在《人类认知——思维的信息加工理论》一书中提出同一时间内大脑处理信息的能力是有限的，首先表现为客户处理信息方面可能不及时、加工信息不到位、整合信息能力不足、判断信息不准确，这就导致客户消费动机复杂、消费频率不定、消费感受不同。在客户是有限理性的基础上，西蒙进一步提出心理限度约束概念，指客户打算从当前产品或服务供应商转移到其他产品供应商的行为受到客户心理因素的影响。心理限度、有限理性、风险心理构成心理因素的二级指标。

（六）技术因素

技术因素由生产技术水平、技术标准、产品技术含量三个因素组成，三种因素从不同方面对企业实施客户锁定产生影响。生产技术水平决定企业是否拥有比竞争对手更强的生产竞争能力，生产技术水平的高低表现为企业生产效率的高低，较高的生产技术水平能够保障企业及时充分地供货。技术标准决定企业是否拥有比竞争对手更高的兼容性，提供较高兼容性产品的企业网络外部性较大，产品的协同价值较大；产品的技术含量决定企业是否拥有比竞争对手更强的竞争优势，产品技术含量高的企业较容易形成行业标准。

谭劲松、薛红志认为产品技术含量高低的不同导致产品技术的质量、性能的表现在关键性能指标上存在差异②。较高产品技术含量有利于形成产品技术壁垒，防止客户转移到替代品的供应商上。事实上，产品的技术含量并非越高越好，技术含量过高反而会在一定程度上制约其进一步发展，也会限制互补品供应商进入市场，从而使企业发展陷入困境。产品差异化的实质是不同产品技术标准存在差异。技术标

---

① Schmalensee, R., Product Differentiation Advantages of Pioneering Brands, *American Economic Review*, 1982, (7): 349 – 365.
② 谭劲松、薛红志:《主导设计形成机理及其战略驱动因素研究》,《中国软科学》2007年第7期。

准的差异导致在同行业市场竞争中，率先建立行业技术标准的企业更容易主导市场，行业一旦确认某种标准，客户转移到其他供应商时就必须承担更多的转移成本，因为此时其他供应商的标准可能与行业内大多数企业兼容性匹配程度较低，客户从其他供应商的产品或服务中获得产品协调价值较低，转到其他供应商不经济，从而放弃转移。

第二节 高科技企业竞争锁定的基本原理

一 高科技企业竞争锁定的类型

竞争锁定是指企业在参与市场竞争过程中，通过将企业的目标集中在某一领域以获得企业绝对优势的竞争行为。高科技企业竞争锁定的策略种类各样，本书通过整理总结出了以下几种竞争锁定策略：技术锁定、客户锁定、生态空间锁定、系统锁定、市场锁定、人为锁定和技术锁定、自愿锁定和被动锁定、注意力经济与眼球锁定。

（一）技术锁定

所谓技术锁定，指的是某企业凭借自身核心技术的绝对优势以及对未来市场前景的把握，实现了对该技术领域产品的市场的绝对控制。技术锁定不仅仅是各高科技企业中的技术壁垒或技术垄断的竞争战略，也是发展中国家同发达国家存在技术差距的原因。当某种技术产品的市场份额达到一定的程度后，这种产品就与其他产品的配合使用最为容易，成了事实上的标准产品，从而将客户"锁定"在该产品上，使客户不得不选择这种产品。一种产品成功实现技术锁定以后，其他与之竞争的产品就会明显地处于劣势，很难翻身。

（二）客户锁定

客户锁定是指高科技企业为了特定目的，在特定交易领域，通过提高客户转移成本的方式，对客户所达成的排他性稳定状态。客户锁定表现为高科技企业对客户的获得和保有，其结果是留住客户的同时，企业获得稳定的利益。客户之所以会被高科技企业锁定，一方面是因为客户对产品知识和信息的有限理解能力影响了客户的选择。客户决策是一个"搜寻、比较和选择的过程"。客户在进行决策之前首先会展开知识和信息搜寻活动，但是当知识和信息的获取需要付出代价时，人们对知识和信息的获取是有"节制"的，此时存在知识和信息的主观稀缺性。而知识和信息的掌握程度又直接决定了客户选择，有限理解知识和信息的能力导致客户的习惯性购买行为。同时，客户的习惯性购买行为增加了新竞争企业进入市场的难度，使客户的选择更加有限。另一方面，高科技企业的商品或服务普遍存在的转移成本限制了客户的转移[1]。

（三）生态空间锁定

生态位指物种在生态系统中的位置和作用。生态位理论表明生物的生存空间是一定的。相应的，处于竞争中的企业，作为一种特殊的生物群体，其生存空间也是一定的。生态位理论所倡导的企业生存空间错位，也就是错位竞争，可以有效地避免企业之间的恶性竞争。首先，进入市场的企业需要寻找原始生态位。企业的产品在开始进入市场时，由于竞争对手来不及作出反应，企业往往因没有竞争对手而独占市场，因此其盈利空间很大。但是随着市场挑战者和市场跟随者的逐渐进入、竞争对手模仿成功甚至是技术突破，企业的生存空间将会相对缩小。格力集团进入空调市场时间较晚，当时其他国有企业的市场份额及品牌声誉已经具有相对的优势。格力无法与其相抗衡，于是想出了"农村包围城市"的营销策略，在安徽、浙江、江西、湖南、广西、河北等地树立自己的品牌形象，建立、巩固市场。之后，格力

---

[1] 谢勇：《网络经济中顾客锁定问题探讨》，《西南交通大学学报》（社会科学版）2005年第3期。

集团基本锁定了自己的生存空间，并且在原有市场份额的基础之上进一步向全国较大城市发展，同时逐步进入海外市场。其次，企业要有特色经营的思想，避免生态位重叠。当两个企业同时去争夺某一有限的市场时，必然会导致价格大战或是广告大战，从而引起两败俱伤；如果企业在可能的情况下避开竞争对手的制约，便可以减少企业不必要的损失。最后，企业之间的合作与竞争应该互利互存。合作性的竞争使得企业与竞争对手之间共同谋求发展，创造出更多的市场需求，比如惠普与康柏合并，共同打造"新惠普"；微软与Intel的战略联盟，共同引领计算机潮流，等等。

（四）系统锁定

系统锁定的视角是拓展到整个系统创造价值的所有要素。这些要素中除了竞争对手、供应商、客户、替代品之外，还要包括生产补充品的企业。典型的例子有：手机厂家和电信运营商，计算机硬件和软件，Hi-Fi音响设备和CD唱片，等等。实施系统锁定战略的要义在于，如何联合互补品厂商一道锁定客户，并把竞争对手挡在门外，最终达到控制行业标准的最高境界[①]。

（五）市场锁定

市场最初是指把商品或服务的买主和卖主正式组织在一起进行交易的地方，随着商品经济的发展，市场作为商品经济运行的载体或现实表现，逐渐被赋予相互联系的四层含义：一是商品交换场所和领域；二是商品生产者和商品消费者之间各种经济关系的总和；三是有购买力的需求；四是现实客户和潜在客户。因此市场可以定义为为了满足某种特定的需求和欲望而购买或准备购买某种特定商品的客户群体。现代市场营销理论把市场形容为"流动的客户群体"。由此可以得出

[①] A. C. Hax, D. L. Wilde, The Delta Model: Adaptive Management For a Changing World, *Sloan Management Review*, 1999, 40 (2): 11-28.

结论，市场锁定是客户锁定概念的拓展和延伸，是动态的客户群体锁定。

（六）人为锁定和技术锁定

按照锁定产生的原因不同，可分成人为锁定和技术锁定。著名的信息产业经济学家夏皮罗和瓦里安考察了信息经济中锁定和相关转移成本的类型，将锁定分为合同义务锁定、购买耐用品锁定、特定品牌培训锁定、信息和数据库锁定、专门供应商锁定、搜索成本锁定和忠诚客户计划锁定七种类型，对高科技企业竞争锁定类型的研究具有重要的指导意义。

2003年我国学者吕本富在夏皮罗和瓦里安的研究基础上，对锁定产生的原因进行了高度概括，将锁定分成人为锁定和技术锁定，其中人为锁定包括合同锁定、奖励锁定、投资周期锁定和专门供应商锁定，技术锁定包括硬件锁定、软件锁定、信息格式锁定和供应链锁定。[①]

（七）自愿锁定和被动锁定

按照客户对锁定的态度，可分为自愿锁定和被动锁定。自愿锁定是指客户心甘情愿地接受供应商的服务，认为自己从中得到的产品或服务物有所值。被动锁定指客户担心会带来种种不便和麻烦，权衡利弊感觉转移供应商成本过高，不得不决定维系当前的锁定关系。

（八）注意力经济与眼球锁定

所谓注意力，是指人们对某一产品、信息或事物关注的持久程度。企业当中的客户群或是市场份额正是与这种量化的注意力成正比的。注意力形成的经济使得"眼球"成为诸多企业的竞争目标，因此注意力具有不可估量的经济价值。企业若是想在市场竞争中处于领先地位，就必须实现注意力经济的要求，实现眼球锁定，吸引更多客户的注意。

---

① 吕本富：《锁定和转移——信息经济学原理之五》，《经济世界》2003年第1期。

二 高科技企业竞争锁定的特点

高科技企业竞争锁定具有以下特征：报酬递增机制、路径依赖、网络外部性、赢家通吃和动态周期性，这几大特征相互作用形成竞争锁定。

（一）报酬递增机制

报酬递增机制在高科技企业中起支配作用，它可能会影响其他技术的市场行为，即使是技术卓越的企业，它的客户基数可能会因为竞争对手的报酬递增机制越来越少，甚至可能迫使这种卓越技术退出竞争市场。高科技企业的竞争锁定战略具有自我优化特点，它所生产的产品或服务具有低边际成本和高固定成本的特征，促使它所在的市场份额加大，单位成本越低，实际利润越大，所以高科技产品或服务在竞争锁定的过程中具有报酬递增的效应。这种特征也类似于马太效应，容易产生强者越强、弱者越弱的现象。

（二）路径依赖

高科技企业的竞争锁定具有路径依赖的特征：在每个历史节点上，高科技企业可能演化的路径都是由历史和当时状态所决定的，某个高科技企业之前的投资经营战略和历史行为会制约它将来的行为，战略在制定和执行的过程中往往会受到以前的习惯或路径的影响，即使是通过整体化的行为去实现有能动意识的技术改造和知识更新，最后也会变成路径依赖，因为现在的习惯或惯例与之前的学习经历还有知识的获取有关联。由于高科技企业的产品或服务具有技术、知识、智慧高度密集的特点，客户由于"昨天的习惯和知识"而产生的路径依赖性比传统企业更加强烈。

（三）网络外部性

高科技企业的技术支持、知识的关联性特征使得它们之间的许多产品或服务有着相互关联性，很多产品或服务表现出明显的系统性特点，客户现在使用的某种产品或服务可能需要另外一种产品或服务的技术支持，产品或服务之间存在相互依赖，某类产品或服务的需求量增大往往促进了另外一种相关联的产品或服务的需求量增加。此种需求之间的相互依赖性意味着高科技的产品或服务存在网络效应，网络效应在经济学的角度又称为网络外部性，它的特征体现在某种产品或服务的客户群体越大，其中的单个客户所得到的效用就越大；产品或服务对于单个客户的价值来说，客户数量越多，单个客户获得的价值就越大。

在产品或服务的客户群体中，随着客户数量的增多，每个客户所要承担的费用成本随之降低，同时随着群体网络规模的扩大使客户可以得到更多的共享资源和价值；但如果客户数量很少，则每个客户所须承担的费用就更多，而且无法得到资源共享的优势。因此，网络价值呈几何级数增长。客户每选择一个产品或服务所获得的效益取决于未来时期内产品或服务网络的实际增长数量，产品或服务的网络规模增长速度越快，单个客户获得的效益就越多、付出的成本就越少。理性的客户在做出选择的同时，必将对系统网络的增长进行预期评估，对当前的客户使用群体进行预测，网络的外部性使竞争超出了产品或服务本身，并且表现出明显的网络特征，所产生的正反馈效应会使强者越强，弱者越弱，强者锁定市场，弱者被市场淘汰。

（四）赢家通吃

赢家通吃是指市场竞争中的最后胜出者会获得全部的或绝大部分的市场占有率，而失败者往往无法生存，被迫退出市场，高科技企业具有"赢家通吃"的特点，正是因为它所生产的产品或服务存在锁定效应。在信息时代的今天，赢家通吃的锁定效应渗透于众多高科技行业，美国的微软公司占据全球半数以上的个人电脑操作系统的市场份额，AT&T在被拆分前几乎垄断了电信市场，等等。产生赢家通吃的原因有报酬递增、网络外部性、需求方规模经济，需求方规模经济和客户的心理预期紧密相连，当客户预计某个高科技的产品或服务即将在市场流行，客户的心理预期就形成了正反馈效应，他们通过产品或服务获得的价值就会增大。良性循环有助于正反馈效应的形成，帮助企业在前期市场形成锁定。

（五）动态周期性

高科技企业实行竞争锁定战略是一个动态的、持续的过程，具有周期性，它的实现是由不同时期的投资和需求组成。锁定客户的过程呈现周期性、动态的发展态势，由品牌认识、品牌选择、品牌使用、品牌确立、品牌锁定几个阶段构成。当客户已经对品牌产生了某种偏好，继续通过互补性产品的投资被锁定在该品牌中，客户就被成功锁定，再进行转移则成本十分昂贵。所以锁定具有动态周期性的特征，整个过程是阶段性的，当锁定解除开始选择另外一种产品时，又开始了新一轮的周期循环，最后被锁定在其他产品上。

三 高科技企业竞争锁定的条件

（一）产品或服务简单易学，市场契合度高

高科技企业竞争锁定的目标是市场而不是技术，高科技企业的产品往往包含着许多复杂的技术研究过程，这些复杂的技术对产品的使用者——客户而言，可能是完全陌生的，但只要使用过程简单易学，一般是不会影响市场需求的。比如客户在使用微软的软件时并不需要知道这个软件是怎样编写出来的，只要这个软件操作简单、功能强大就有可能得到客户的青睐。反之，如果产品的操作使用过程太复杂，即使其技术含量高、质量上乘，客户也会因为其学习成本过高而产生畏惧情绪，失去对该产品的兴趣。高科技企业的研发人员要在理解客户的基础上将高科技转化为生产力，设计出全自动的傻瓜式操作产品。

日本厂商发明的"傻瓜相机",风行数十年,成为世界上最为普及的家用摄影工具。

(二) 获取先动优势

先动优势是指先进入市场的企业通过率先建立声誉、抢占有利地位、使用最佳销售渠道、规定行业标准以及设置转移成本和制度壁垒等方式获得率先进入的优势,从而使后进入市场的企业在竞争中处于劣势地位[1]。在高科技企业竞争环境中,发展革命性创新产品的第一家公司称为先进者或先占者,领导技术和新产品所带来的持久性竞争优势或独占地位,让它享有先占优势。例如英特尔在20世纪70年代初期率先推出第一代微处理器,至今仍然执全球半导体产业微处理器市场的牛耳;思科在80年代中期领先发展出第一代因特网的路由器,目前仍然是该市场的领导厂商。一种新产品或服务往往要在某一方面,如价格、速度、便利等方面更加优越两倍或三倍,才能打破主导产品或服务锁定市场的局面。因此,在以知识为基础的高科技企业市场竞争中,拥有好产品并最早进入,就能取得优势。

理论研究表明,技术上的领先、对稀缺资源的先占以及消费者存在的转移成本都对企业先动者优势存在着影响。

1. 技术上的领先

组织学习效应是指一个组织(如企业)随着产品设计、工艺设计、自动化水平提高、生产组织及其他资本投资方面的积累,管理方法不断改进,人员作业效率不断提高所形成的学习效应。拥有这种效应的企业随着产量的增加,产品的成本会呈现出不断下降的趋势,由此低成本的生产模式便加大了先进入企业的竞争优势。同时率先进入行业的企业已经研发出了新的技术和产品,并且申请了相关的专利保护,

---

[1] Wang, R., Wen, Q., Strategic Invasion in Markets With Switching Costs, *Journal of Economics and Management Strategy*, 1998 (7): 521 – 549.

这种技术性的进入壁垒减弱了后进入者的竞争优势。尤其是当一个行业的技术标准是由市场决定的，先进入的企业可以设定产品的技术标准和业务规则，同时这些标准和规则会被消费者广泛接受和使用，后进入这个行业的企业不得不采用这些技术标准和业务规则，这种技术性壁垒也加强了先进入企业的竞争优势。

2. 对稀缺资源的先占

先进入企业可以优先获得稀缺资源，如原材料、设备、劳动力和供应商等，以此来开发潜在市场和扩大产品规模。比如先进入企业可以优先选择具有较大潜力的市场，进行大规模的投资以建立其在市场上的主要地位，优先选择供应商和分销渠道，优先取得客户资源。同时还可以优先积累生产和销售经验，从而形成对市场更为准确、全面的认识，提高自身的市场竞争能力。

3. 消费者存在转移成本

消费者在使用先进入企业产品或服务的过程中，逐渐形成了相应的客户体验和固定的使用习惯，后进入企业如果想使消费者转移到另一款产品，需要付出更多的转移成本，这就使得后动者面临较大的障碍。消费者的转移成本包括两个方面：一方面是最初购买商品时付出的成本，另一方面是学习使用产品时所花费的时间和资源等。另外正网络外部性也会加大消费者的转移成本，特别是在新兴的网络产业中。比如在电子商务领域，消费者和供应商并不直接接触，所有的交易都在网上进行，消费者的初次消费经历、产品质量和客户体验的满意度、商家服务和信誉等因素影响了消费者的忠诚度。随着更多客户的加入，网络效应不断加强，消费者的转移成本越来越高，进一步增强了企业的市场竞争力。因此消费者的高转移成本和庞大的客户群可以阻止其他竞争对手进入市场，使得先进入企业在市场中获得更多利润。

先动优势不仅要求企业率先进入市场，还要求企业开展真正的业务、建立声誉、抢占有利地位、使用最佳销售渠道、规定行业标准以及提高转移成本和制度壁垒等。在高科技产业中，一个企业的持续先动优势的基础就是在先动者垄断期间的学习曲线优势中获取经验和收益的能力。这一特点使高科技产业中的先动者和早期跟随者的存活率比其他大多数行业都高。早期跟随者也能受益是由于行业的快速增长性。总是有大量未开拓市场等待去开发，并且第一批进入者之间也不必互相争夺彼此的客户群。

（三）形成市场份额达到临界容量的正反馈系统

在传统经济中，负反馈起着决定性作用。所谓负反馈，指的是物体之间的相互作用，存在着一种相互抵消的力量，直至终止或扭转原有的发展趋势。比如说，一个成熟的工业经济中，规模已经很大的企业想要进一步扩大规模和市场份额往往很难，一是会引起小企业的激烈反应；二是由于管理大企业存在复杂性，当超过一定的规模时，公司会发现成长变得越来越困难，随着其背上高成本的负担，更小、更灵敏的公司会发现更有利可图的市场份额，从而使市场找到一个平衡点。负反馈能防止小的不稳定因素发展到失控状态，从而保持经济系统的稳定性。

在高科技企业竞争过程中，正反馈起着决定性作用。所谓正反馈，是指将系统或过程的输出或结果作为其输入的一部分，并且对下一个输出或结果发挥着激励和加强的作用的一种反馈形式。在高科技企业市场竞争中，正反馈的作用明显。某个产品的客户增加直接导致安装基础的增加，越来越多的客户会觉得该产品值得使用，从而使产品的市场份额达到临界容量并最终占领市场。一个高科技企业在市场中的影响是以指数形式迅速扩张的，比如消费者在购买电脑操作系统软件时，不仅仅是在购买一种产品，还是在选择一个客户网络，必须考虑软硬件与其他客户兼容的问题。苹果公司的 Macintosh 操作系统质量优于微软的 Windows 系统，但最终却输给了微软的 Windows 系统，原因是最初价格略微偏高。随着 Windows 系统在 PC 市场上份额增长，客户发现其越来越具有吸引力；而苹果公司的 Macintosh 操作系统市场份额继续下跌，客户开始担心其随着软件开发商的减少而被孤立，于是越发不愿购买。微软的优势被高科技产品的正反馈机制放大，最终成为胜利者。正反馈机制的本质是成功引发更大的成功。

正反馈系统的形成主要是由报酬递增和网络效应造成的。网络效应所产生的强者越强、弱者越弱的正反馈效应使不同产品销售量迅速发生偏差，客户基数大的产品或服务快速取得具有显著优势的市场份额，使市场选择收敛于这种产品或服务，最终成为市场的主导产品或服务。报酬递增情况下的正反馈系统有四个特性。一是多态均衡：结果不确定、不唯一和不可预测，倾向于多个可能的均衡点；二是可能无效率：最终结果未必是最优的或最有效率的；三是锁定：一旦达到某个"解"，就很难退出；四是路径依赖：市场份额的前期历史——部分是小事件和随机事件的结果——能够决定哪个"解"优先。市场份额的动力学是非普遍的，一种分配结果随时间的流逝最终被小而偶然的事件所选中，经济的后期发展很大程度上也许就取决于历史上的"小事件"。

（四）转移成本不断增加

在高科技企业竞争中，转移成本的存在已经成为一个规律，而不是例外。这和传统企业有很大的区别，在传统企业竞争中，企业没有很强的理由让客户持续选择本品牌的产品或服务，比如客户想淘汰旧的小天鹅洗衣机，并不一定会再买一台新的小天鹅洗衣机。高科技企业竞争中由于普遍存在转移成本，当客户准备更换旧的高科技产品或服务时，不得不考虑继续购买原品牌的产品或服务。如客户想更换 Mac 机，他面临的问题是：一大堆 Mac 软件的用法，Mac 打印机仍然可以使用，与其他 Mac 客户交换文件的便利性。由于客户对 Mac 机进行了大量可持续互补资产投资（具有不同的经济周期），没有开始使用新系统的方便时机,客户就被这些转移成本有效地锁定在原有的品牌中了。再比如手机电池各种品牌的设计不一样,生产企业设置了转移成本,消费者想换种电池也就必须换手机,其转移成本就非常高了。转移成本越高,进入者壁垒就越高。

第三节　客户锁定的基本原理

一　客户锁定原因

产生客户锁定的原因有很多种,其主要原因是信息的不对称和转移成本因素的存在。由于现实中的市场充满着风险、不确定性和不完全信息,事物的发展变化也是复杂多变的,许多问题的出现都是我们所无法预料的,目标市场上的交易者无法获知所有信息,无法完全预知未来,只能在现有的信息基础上进行判断、选择。但是一旦交易达成,初始的竞争环境也将随之改变,导致企业与客户的再次选择面临转移成本的影响,由此可能限制客户的转移而形成锁定状态。客户锁定的原因包括:

(1) 有限信息影响客户选择。一般来说,客户的决策是一个"搜寻、比较和选择的过程"。客户在进行决策之前首先会展开信息搜寻活动,但是当信息的获取或知识的获取需要付出代价时,人们对信息的获取是有节制的,而信息的掌握程度又直接决定了客户的选择,有限的信息导致客户的习惯性购买行为。同时,市场上的信息不对称以及客户的习惯性购买行为也增加了新厂商进入市场的难度,使客户的选择更加有限。

(2) 转移成本限制客户转移。转移成本是指客户从现有厂商处购买商品转向从其他厂商购买商品时面临的一次性成本。大致可从四个方面把握转移成本的因素:沉没成本,即第一阶段交易活动中所发生的不可收回的成本，只有在交易继续发生的前提下才有价值；交易成本，指寻找新的交易者，以及进行新交易所需要付出的成本；转移时所损失的积分以及折扣成本和合同所产生的成本；因情感因素导致的心理成本。

（3）客户转移的心理成本。心理因素导致行为表现为非线性，因人、因时、因事而异。情感需求包括信任感、归属感的需要、尊重的需要和人性化的服务，已逐渐成为客户消费的主导需求。如今的消费者选择并非完全的物质利益取向。

二　客户锁定类型

客户锁定有很多种类型，根据转移成本来源的不同可分为以下几种：

（1）合同式锁定。通过与客户签署合同可以达到锁定客户的目的，锁定的程度取决于合同的性质。要求客户在一定时期内只从本企业购买所有必需品的单一供货商合同对客户的锁定程度就很强；而客户承诺进行一定数量购买的最低定购规模合同对客户的锁定程度相对就弱。不仅合同本身条款、条件和期限等因素是形成锁定的来源，而且合同终止之后的客户转移成本和选择也是锁定客户的来源，比如，客户购买的专业设备，在合同服务期满之后，由于专业设备需要维修等服务，客户仍然会面临较大的转移成本。

（2）耐用产品型锁定。当客户向企业采购耐用产品时，也会很容易地被企业锁定。耐用产品的经济寿命对客户锁定有很重要的影响。如果设备的经济价值折旧很快，企业就难以对客户进行长时间的锁定；如果有旧设备市场，客户可以在更换设备的时候收回一些初始的投入，降低转移成本，削弱了企业对客户的锁定。对耐用的硬件来说，锁定程度随着硬件的折旧而降低，因此锁定一般都有其自身期限。但是，由于大部分耐用设备要求与其他产品互补才能良好运作，这些购买的互补产品对耐用产品锁定程度有两种影响：如果互补产品来自同一家企业，即使一台机器已经完全折旧了，由于存在其他的互补设备，客户仍然承担大量转移成本，被企业牢牢地锁定；如果互补产品由别的供应商供应，客户锁定的程度就会减弱。

（3）特定产品的学习培训型锁定。当操作人员使用一种设备时，就产生了一种与购买耐用设备的锁定相似的一种锁定形式。这种设备通常是针对某特定品牌的，因为如果要学习使用一种新品牌的产品并达到同样的熟练程度，需要花费相当多的时间和精力。在针对特定品牌的培训中，由于客户对现有系统越来越熟悉，转移成本一般会随着时间推移而增加，因此对客户的锁定程度就越来越强。

（4）专门供应商型锁定。当客户随着时间的推移逐渐向一家供应商购买专门设备时，就产生了另一种重要的锁定模式。对于专门设备来说，转移成本依赖于新供应商在将来需要时提供可匹配的设备的能力。如果耐用设备或软件是高度专门化的，在将来寻找别的供应商相对就比较困难，从而使当前的供应商具有很强的锁定优势。

（5）基于搜索成本的锁定。锁定的另一个来源就是购买者和出售者为了在市场中寻找到对方并建立商务关系而引起的搜索成本。在评价搜索成本带来的锁定程度时，重要的是双方的搜索成本，既包括客户承担的，也包括潜在供应商承担的。客户承担的转移成本包括：改变根深蒂固的习惯的心理成本、鉴定新供应商所花费的时间和精力、选择未知供应商所带来的风险。潜在供应商所承担的转移成本包括：促销费用、实际完成交易的费用、设立新账户的费用和处理未知客户的风险，比如信用风险等。此外，一些客户自身所具有的惰性和忠诚，也提高了客户的转移成本，强化了企业对客户的锁定。

（6）基于忠诚客户计划的锁定。忠诚客户计划是现在最流行的锁定客户的一种管理策略，这种策略主要奖励那些重复购买的客户，明确激励客户完全或主要从当前供应商购买产品。例如到超市购买商品的客户在会员卡上累积到一定的点数后就可以获得一定程度的折扣。忠诚客户计划从两个方面产生了转移成本。第一，如果客户停止从当前的供应商处购买产品，就可能丧失一部分积分，比如客户注销某一超市的会员之后丧失的总点数；第二，客户在使用的过程中积累起来的福利，比如拥有会员卡的客户优先购买某种商品的权利。忠诚客户计划所带来的锁定是一种"人工锁定"，完全是由企业的策略构造出来的。

三 客户锁定策略

目标市场上的很多企业都是通过提高购买者的转移成本来实现对购买者的锁定。从锁定的周期来看，可以将销售者的锁定策略分为三个阶段：

（1）形成锁定。要形成锁定，首先要对自己的产品或服务进行分析，判断其是否具有锁定的可能，同时也要评估客户的价值，看其是否值得花费一定的成本来赢得锁定所换取的价值。评估工作在锁定的形成时期是非常重要的，它将直接影响锁定的成败和锁定之后所获得的收益的多少。在确定锁定对象以后，就可以通过产品服务或经营管理方法等手段来制造锁定了。可通过促销或提供折扣，对产品销售初始阶段进行投资。如果没有这些投资，销售者是不可能在竞争性的市场中形成锁定的，所以公司在吸引新客户时，一般会进行没有多少盈利的投资，但这部分损失将从已锁定客户的高利润销售中得到弥补。

（2）维持锁定。当有了一定的锁定基础后，就需要维持锁定了。可以再培养一批有影响力的和转移成本高的购买者，向有影响力的客户出售信息产品并提供折扣以吸引更多客户。而这些都将是最有利可图的客户。采用忠诚客户计划，运用良好的售后服务或使自己的产品在他们所关注的所有产品选择方面最具有吸引力。最容易进入锁定周期的时机便是客户选择自己所信赖的品牌的时候,也就是客户选择下一个新产品的时候,这需要保有客户累积起来的购买记录,以此提高客户的转移成本并维持锁定。

(3)利用锁定。形成和维持锁定都是为了能利用锁定,那么在销售者建立了具有转移成本的客户基础以后,接下来就是要充分利用它所拥有的垄断地位向客户销售自己的互补产品,并试图扩展锁定的互补产品的范围。互补产品往往是企业利润的来源,通过向你的客户出售互补产品、并使自己的产品不断升级换代来使你的锁定达到价值最大化。许多企业都是通过销售利润很高的互补产品来获取赢利。其次,企业可以利用锁定原理组建企业的客户网络来锁定客户。网络的发起人创造并管理网络,希望通过扩大客户规模来赢利。在客户网络的形成初期,企业是通过某一产品和服务把客户联系起来的。客户被锁定在网络中后,企业就可以随时以升级、维修、出售新设备、互补产品的销售等形式从这些客户网络上获取收入,因此企业成功地建立客户网络也是获取竞争优势的关键行动。

四 客户锁定意义

对所有的企业而言,每个同其进行交易的客户都是它们的有价值的资产,它们是企业长期利润的来源,因此,客户锁定对企业有着十分重要的意义。

许多实证数据和案例表明:一方面,老客户对企业利润的贡献远远高于一次性客户,锁定客户将给企业带来更高的收入;另一方面,锁定客户还会限制新的厂商的进入,塑造企业的优势竞争地位。

客户锁定可以为企业带来稳定的客户群,提高企业的品牌影响力,进而进一步扩大客户群。微软通过其 Windows 操作系统实现对计算机客户的锁定,进而形成对操作系统市场的垄断,就是锁定重要性的一个典型的证明。当然，客户锁定的存在同时也给市场带来了一定的负面影响，如容易导致垄断而降低市场的竞争程度，容易使企业在锁定客户后为获得超额利润而损害客户利益，等等，但这并不能影响企业对它的追捧，也撼动不了它在市场中的地位。客户锁定的目的就是使得客户转移至其他提供同类产品或服务的交易对象时而产生所无法承担的过高成本。所以，客户锁定的效果就是客户的重复购买行为。可通过转移成本来测量客户锁定程度。

第四节　客户锁定影响因素实证研究分析

一　客户锁定影响因素

对于客户锁定的成因，国内外学者的研究结论也是众说纷纭，但是通过研究相关文献，并对其研究思路进行梳理，不难发现，学者们均认为转移成本是导致客户锁定的直接原因。哈尔·R. 范里安、约瑟夫·法雷尔等认为转移成本、信息不对称、技术优势、网络效应造成了客户被原始供应商锁定，本章通过对高科技企业客户锁定现状中存在的问题进行分析，选取转移成本、信息不对称、技术优势和网络效应这四个指标为对象，来具体测量它们对高科技企业客户锁定的影响程度。高科技企业客户锁定指标体系如表4-1所示。

表4-1　　　　　　高科技企业客户锁定指标体系

一级指标	二级指标	三级指标
转移成本	程序型转移成本	经济风险成本
		评估、学习、建立成本
	财务型转移成本	利益损失成本
		金钱损失成本

续表

一级指标	二级指标	三级指标
转移成本	关系型转移成本	个人关系损失成本
		品牌关系损失成本
信息不对称	专业化分工	—
	知识有限性	—
	信息获取成本	—
技术优势	生产技术水平	—
	产品技术含量	—
	技术标准	—
网络效应	直接网络效应	—
	间接网络效应	—

二　客户锁定影响因素指标评价

（一）转移成本指标解释

转移成本是客户锁定的直接影响因素，同时也是学者们的研究焦点，大多数学者均从转移成本角度来研究客户锁定现象。转移成本在客户锁定过程中发挥着十分重要的作用，有了转移成本当客户转向其他产品或服务时才会产生障碍，当转移成本大到转移不经济的时候，就会形成锁定。而且，客户锁定的其他因素也会通过影响转移成本间接地影响客户锁定。转移成本是一个复杂的变量，国内外的学者也将转移成本分为不同的类型，因此很难用统一的指标将其量化。目前针对转移成本的分类还没有一个公认的标准，营销学者 Burnham 等的分类方法引用的频率最高，成为目前公认的最具代表性的方法。通过对转移成本分类相关文献的研究，我们认为，Burnham 对转移成本的分类方法、分类依据明确，涵盖内容丰富，能够为本章研究转移成本对高科技企业客户锁定的影响提供可操作、有关联的指标。根据 Burnham 对转移成本分类的方法，程序型转移成本、关系型转移成本以及财务型转移成本构成了转移成本。程序型转移成本包括评估、学习、建立成本及经济风险成本；财务型转移成本又可以分为金钱损失成本和利益损失成本，划分的标准是转移成本是否可以量化；关系型转移成本包括品牌损失成本、人际关系损失成本，划分的标准是关系主体的不同。Burnham 认为我们在度量客户所感知的转移成本时，可以运用经济风险成本、评估成本、学习成本、建立成本、利益损失成本、金钱损失成本、个人关系损失成本和品牌关系损失成本这八个因子来比较全面地估计消费者所感知的转移成本。

1. 经济风险成本

经济风险成本是指客户在转移之后，新供应商可能带来较低的产品或较低的服务质量体验。由于市场买方和卖方信息不确定，可能为自己的消费带来负面结果，这种不确定性便构成了相应的风险成本。比如说相关产品的使用性能不尽如人意、使用感受不佳等。一般来说这种经济风险成本在服务行业表现得较为明显。

2. 评估成本

评估成本是指客户如果转向其他企业的产品或服务，必须花费充足的时间和精力进行信息搜寻和评估，进而通过必要的信息搜寻结果来评估当前市场上潜在的可替代供应商，做出明智的购买决策。

3. 学习成本

学习成本是指客户如果要转向其他企业的产品和服务，就必须耗费相应的时间和精力来学习新产品和服务的使用方法及技巧。比如学习使用一种新的电脑、数码相机等。投入的时间和精力越多，学习成本也就越大。学习上的投资往往和某一具体供应商相关，这意味着客户必须做出新的投资以适应新的供应商，而且企业也应当尽可能地使产品或服务简单易操作，以降低客户的学习成本。

4. 建立成本

建立成本是指客户转向其他企业，必须耗费时间和精力来与新的产品和服务提供商建立关系，如果选择一个新的服务提供商则首先需要进行信息上的交换才能保证提供的服务准确无误。

5. 利益损失成本

利益损失成本的产生源于企业会给忠诚客户提供很多经济、服务等方面的优惠，如果客户转向其他企业，将会失去这些优惠条件。

6. 金钱损失成本

金钱损失成本是指如果客户转向其他企业可能会带来一次性的财务支出，比如可能又要缴纳一次性的注册费用等，以往投资的一些专用性资产，也因为不能与新产品兼容而发生损失。

7. 个人关系损失成本

个人关系损失成本是指客户转向其他企业会由于身份关系的打破而导致相关情感的损失，即可能会造成人际关系上的损失。比如客户与以往供应商非常熟悉，因此享受优质服务，而新的供应商无法立即达到。

8. 品牌关系损失成本

品牌关系是客户与其喜欢的公司品牌或公司之间所形成的关系。品牌关系损失成本是指客户转向其他企业可能会失去和原有企业的品牌关联度，造成在品牌支持和社会认同等方面的损失。

（二）信息不对称指标解释

由于在市场交易过程中，各类人员对有关信息的了解存在差异，掌握信息比较充分的一方处于有利地位，而掌握信息贫乏的一方则处于不利的地位。因此，企业利用比客户掌握更多的信息来传递能够吸引客户的信息，从而锁定客户。信息不对称的程度主要通过专业化分工、知识有限性和信息获取成本这三个指标来进行计量。

1. 专业化分工

专业化分工是指企业生产者在生产过程的不同阶段，利用不同的技能和知识在不同时空进行或组织不同的活动。专业化分工使人们增加了与自己所从事的工作范围相关的事物的了解，而对其他事物的了解往往只停留在使用上，和生产者相比，掌握的产品信息不够充分。在这种情况下，客户可能处于信息不对称市场中信息掌握较少的一方。

2. 知识有限性

知识有限性是指由于每个人掌握知识的能力不同，因此在掌握知识的量与质上均有所不同，且无论掌握知识的能力高低，其掌握的知识都是有限的，从而造成了信息不对称。

3. 信息获取成本

信息获取成本是指客户为搜寻某种产品信息而耗费的时间、精力、财力等。由于信息获取成本的存在，当这种成本越来越高时，客户搜寻产品信息的欲望会逐步下降，直到最后停止搜索，导致客户往往不能获取完全的产品信息，从而使企业能够利用这种信息不对称，更容易地引导客户产生购买行为。

（三）技术优势指标解释

技术优势是指企业拥有的比同行业其他竞争对手更强的技术实力及研究与开发新产品的能力。技术优势会从不同方面对客户锁定产生影响，主要包含生产技术水平、产品技术含量和技术标准这三个因素。

1. 生产技术水平

生产技术水平是指用于生产的技术所能达到的水平，它决定了企业的生产效率。高效的生产效率是及时、充足供货的保证，它使企业占有供货效率上的优势，不仅能提供给单个客户高效的服务，也能够满足产业链上更多客户的需求，扩大企业的客户群，而庞大的客户群是企业锁定客户的基础。

2. 产品技术含量

产品技术含量是指技术的质量、性能表现，即特定技术与竞争性替代技术在关键性能指标上相比表现如何。提高产品技术含量将形成技术壁垒，防止因替代品的存在而造成客户的流失。

3. 技术标准

技术标准是指生产产品和配件时必须遵守的技术指标，它是产品差异化的源泉，也是高技术持有者所拥有的重要竞争优势。替代品的出现常常是造成客户转移的原因，而在同类产品中，往往只有一个技术标准能够主导市场，因为一旦某种标准被建立，则消费者不愿意承担放弃现有标准转向其他标准的转移成本，因而推广其他标准的企业将难以替代现有标准，从而使优先建立或采用某种主导技术标准的高科技企业可以锁定客户。

综上可知，高科技企业的技术优势体现在企业拥有的比同行业其他竞争对手更强的技术实力及其研究与开发新产品的能力上。

（四）网络效应指标解释

网络效应的实质是网络的外部性，网络外部性表明除产品质量外，客户规模也能在一定程度上影响产品价值。产品的效用会随消费者消费该产品（或服务）以及产品（或服务）的需求量的增加而增加。在网络外部性效应的作用下使用某种产品及其互补品的人数越多，现有客户感知到的产品价值越大，潜在客户对产品预期越大，对潜在客户吸引力也就越大[1]。客户购买产品的倾向与客户对产品的价值预期呈正相关关系。一旦客户选择某种产品或互补品，就会被锁定在该种产品或互补品的网络之中，客户离开这一网络需要付出较大代价，因而不会轻易转移。当网络效应达到一定程度时，甚至会导致市场封锁。

---

[1] 帅旭、陈宏民：《网络外部性与市场竞争：中国移动通信产业竞争的网络经济学分析》，《世界经济》2003 年第 4 期。

市场封锁导致网络外的产品的市场需求很少而逐渐退出市场；处于网络内的产品稳定占据市场，客户关系稳定。

学术界把网络效应的研究分为直接网络效应和间接网络效应：直接网络效应是指产品效用价值随客户数量的增加而增大。直接网络效应指选择同一产品或服务供应商的客户间相互影响[①]。扩大客户规模是增加产品直接网络效应的关键。间接网络效应来源于由于互补产品种类或服务增加而造成产品价值也随之增加的现象。间接网络效应强调处于市场中的产品价值不仅会受产品自身质量和数量的影响，还受互补产品质量和数量的影响[②]。增强产品间接网络效应的关键是提高互补产品价值。

三　计量方法

结构方程模型（AMOS）是一种用于分析多个原因、多个结果之间关系，或者测量显性变量和不可直接观测的变量（潜在变量）的多变量统计分析方法，常用于社会科学以及管理、市场、经济等研究领域。本书采用的主要实证方法为结构方程模型法。它整合了路径分析和因素分析两种统计方法。运用 AMOS 软件（AMOS18.0 版本）对高科技企业客户锁定的影响因素构建模型，利用该模型能反映各影响因素之间的相互关系，以及这些影响因素与客户锁定程度的关系。

AMOS 构建模型的应用主要分为如下几步：

首先，构建结构模型和测量模型。结构模型用于反映几个潜在变量之间的关系，测量模型用于反映潜在变量与其观察指标间的关系。

[①] 段继红、朱启贵：《网络外部性、市场锁定与 AVS 标准的竞争策略》，《上海管理科学》2009 年第 3 期。

[②] 帅旭、陈宏民：《市场竞争中的网络外部性效应：理论与实践》，《软科学》2003 年第 6 期。

通常数个测量模型与一个结构模型构成完整的结构方程模型。

其次,对模型进行参数估计。参数估计是利用系统输入和输出数据,计算系统模型参数的过程。在 AMOS 软件中可以选用极大似然法(ML)、最小二乘法等多种参数估计方法。本书研究的样本将在 200 个以上,极大似然法尤其适用于对大样本(统计量≥200)的参数估计,结合实际需要,因此本书将选用极大似然法估计参数。

最后,是进行模型修正。运用 AMOS 分析模型时,经常出现假设理论模型与观察数据的适配度不佳的情况,此时需要利用放宽或增加参数限制的方法对模型进行修正,直至适配度达到标准。

四 问卷设计

(一) 调查问卷设计的原则

实证研究的数据是通过调查得来的,所以问卷设计的科学性、合理性、严密性对于研究结果的正确与否有着至关重要的作用。为了设计出科学、合理、严谨的调查问卷,最大限度地避免调查问卷出现偏差,在设计的过程中应遵循以下原则:

(1) 目的明确。调查问卷是为了下一步的统计分析工作而设计的,对于问卷的题项应该简明扼要,重点明确突出,切忌在问卷中出现与研究主题无关的内容。

(2) 易于理解。问卷设计的语言一定要简洁明了,通俗易懂,因为被调查人的知识结构可能参差不齐,专业术语过多的话容易让人不理解,从而影响数据的效度,因此应尽量避免使用专业术语。

(3) 逻辑结构性强。问卷设计要求逻辑思维严密,切忌问卷内容东拼西凑,问题的排列应有一定的逻辑顺序,符合应答者的思维程序。

(4) 注重定量性。问卷调查的目的就是把研究问题定量化,由于人们对事物的评价程度不易控制，因此需要统一衡量标准，所以设计问卷时，如果可以用定量指标衡量的话，一定要使用定量指标。

（二）问卷结构设计

调查问卷的设计是高科技企业客户锁定影响因素分析的一个重要组成部分。想全面分析客户锁定影响因素，就必须设计一份科学、合理、严谨的调查问卷。笔者在文献研究和调研的基础上，根据高科技产品自身特点及模型的要求，设计了高科技企业客户锁定影响因素调查问卷，调查问卷所有题型以客观题为主。

本课题问卷共包括三个部分。第一部分主要向被调查者介绍调查的目的；第二部分是个人的基本信息，主要包括被试人年龄、职业等；第三部分是问卷的主体部分，该部分使用李克特量表设计，从转移成本、信息不对称、技术优势、网络效应等四个主要因素考察了它们的相互关系及其对高科技企业客户锁定的影响，这四个维度下面包括若干指标，每个测量指标分别对应一个题项，本书使用态度测量技术对测评指标进行量化。李克特量表具有容易设计和结果处理方便的优点，受访者也容易理解，因此在问卷设计中被广泛采用，本书问卷部分采用 5 级李克特量表，每个题项后依次标注"很不同意、不太同意、一般、比较同意、很同意"来衡量该题项与集团客户的实际看法的符合程度，供被试人选择。

五　高科技企业客户锁定因素实证分析

（一）数据来源

本书数据主要来源于问卷调查。本书的研究者一方面针对高科技企业客户锁定的影响因素设计了一份问卷（见附录Ⅰ），通过问卷星网站发放，高科技企业客户分布在各行各业和各地区，且高科技客户年龄和性别也没有特别要求，所以本次问卷投放对象不限性别、职业、地区和年龄，采取完全随机投放方式。

先后分三次通过问卷星网站的付费推荐功能进行投放，每次收集100份，共收集300份，历时一周。问卷收集完毕后，首先，本书的研究者对问卷进行了筛选，为提高问卷筛选的效率和质量，问卷中设置了几道有利于辨别出无效问卷的题目，这些题目能对随意填写的问卷作出快速的初步筛选。其次，通过对剩余问卷进行逐一查看，作出再次筛选，从而确定有效问卷。通过这种方式虽然仍然不能绝对保证有效问卷的数据可靠性，但是能够大大降低在问卷筛选中的误判概率。最后，经统计，有效问卷为282份，有效率为94%；有效问卷答卷者来源地区涵盖全国25个省（市、区）；其中92.2%的答卷者为在职员工，其他均为学生；调查对象年龄分布集中在18—50岁，其中39.72%的调查对象年龄在31—40岁，为112人，1人在18岁以下，7人在50—60岁，60岁以上答卷者占比为0；来源行业超过28个，其中IT行业答卷者最多，占有效问卷数的19.62%。另外，问卷对高科技企业客户锁定的每个主要影响因素进行了细分，通过平实易懂的语言描述了各个细分指标的内容，并要求答卷者对这些细分指标进行态度评价。评价等级均分为五级：很不同意、不太同意、一般、比较同意、很同意。这一部分的统计结果构成了本书所构建的AMOS模型数据的主要来源。

另一方面，课题组成员在前期开展的与本书相关的研究中，曾赴贵州某上市高科技企业实地调研，通过面访企业经理，探讨了高科技企业客户锁定当前存在的问题和策略；通过走访当地群众，了解了客户对于某些高科技产品的看法。所收集的这些宝贵信息对形成本书的结论助益颇多。

（二）理论假设

理论假设一：转移成本、信息不对称、技术优势和网络效应四个因素均对客户锁定产生影响。但在假设检验中，本书提出的原假设H1

是这四个因素都不对客户锁定产生影响,而 H0 则是产生影响。这是因为,在假设检验中,如果样本落入原假设 H1 的范围,它可以证明 H1 的真,H0 的假;但如果样本落入 H0 的范围,它不可以证明 H0 的真,H1 的假,在这里逻辑是不对称的,因此,在科学研究中,应将研究者不愿接受而期待拒绝的假设放在原假设 H1 上,而希望去证实的假设反而应该放在备择假设 H0 上。假设检验的结果最终将通过 AMOS 软件计算出的 P 值得以检验,当 P 值 < 0.05 时[1],则拒绝 H1,而接受 H0,即可证明其对应因素对客户锁定能够产生影响的结论,反之则不能证明。

理论假设二:转移成本、信息不对称、技术优势和网络效应四个因素互相独立。换句话说,本书假设这四个因素之间没有因果关系,它们都独立地直接作用于客户锁定,而不存在一个因素通过另一个因素间接作用于客户锁定的路径。因此,本书在构建模型时,四个因素之间没有设定路径箭头。

（三）模型构建

为了分析高科技企业客户锁定的四大主要影响因素之间的相互关系及其对客户锁定的影响程度,本书在 AMOS 软件模型构建界面中绘制了其结构方程模型（图 4-1）。模型分为两部分:结构模型和测量模型。F1、F2、F3、F4、F5 均为潜在变量,分别对应问卷中的信息不对称、转移成本、技术优势、网络效应、客户锁定这五个变量,它们构成一个结构模型。由于 AMOS 软件运行时要求结构模型中的所有变量名称均不可与来源数据中的变量名称相同,否则将无法运行,因此这里用 F1—F5 替代上述五个变量的名称。F1—F4 均指向 F5 的路径箭头,表达了该结构模型的目的是考察 F1—F4 对 F5 的直接效果。

---

[1] 在 AMOS 软件中,系统默认采用双侧检验。

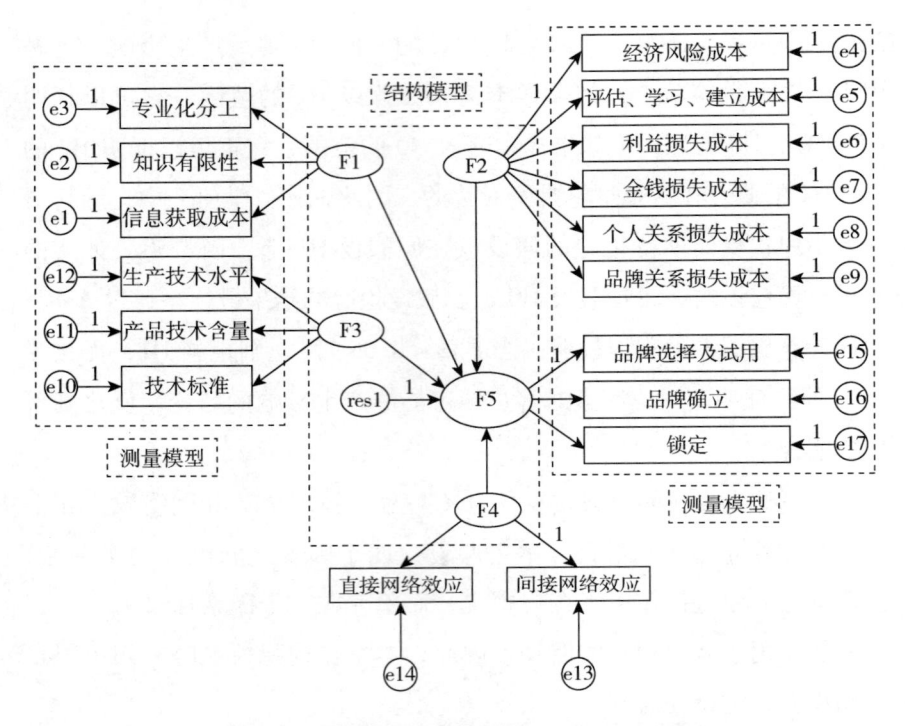

图 4–1 高科技企业客户锁定结构方程模型

而为考察 F1—F5 所设置的观察变量，则构成测量模型，它们与 F1—F5 的对应关系如下：F1 包含 3 个观察变量；F2 包含 6 个观察变量；F3 包含 3 个观察变量；F4（网络效应）包含 2 个观察变量；F5（客户锁定）包含 3 个观察变量。各潜在变量指向其对应的观察变量的路径箭头，表达了测量模型的目的是考察各观察变量相对于其对应的潜在变量的重要程度。

（四）参数估计

模型参数估计的数据由 282 份有效问卷整理而得，用 SPSS 录入和存储后，通过 AMOS 软件导入构建好的上述结构方程模型中，AMOS 软件立即识别出该模型构建方案通过，数据拟合优度较好，可以进行参数估计，从而导出参数估计结果如图 4–2。

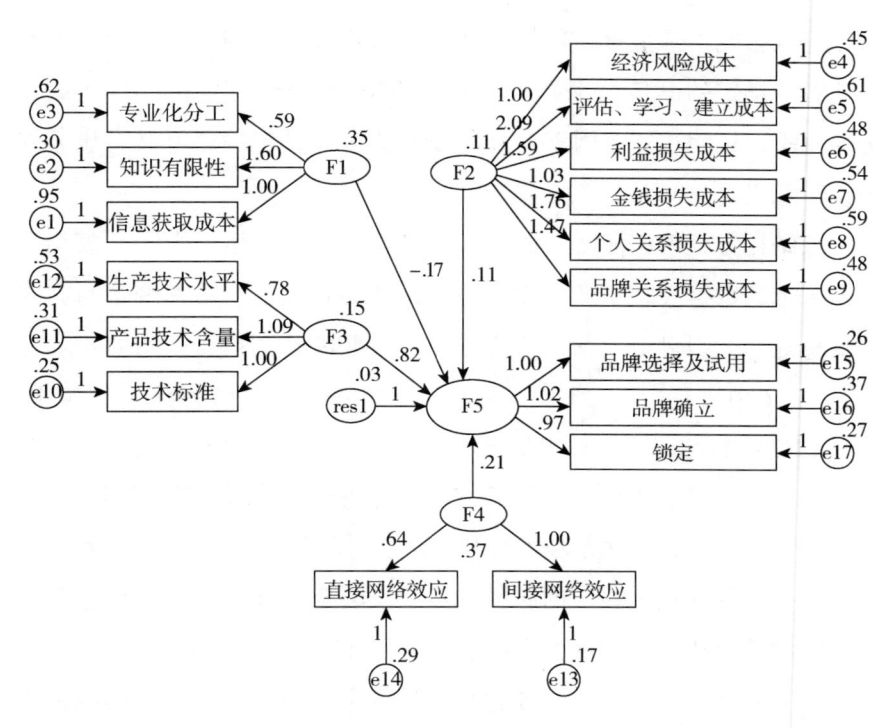

图 4-2　高科技企业客户锁定结构方程模型参数估计结果

由于该模型拟合优度较好，AMOS 软件可以对该模型顺利进行参数估计，因此无须进行模型修正。

（五）实证结论

本书实证发现，本书所构建的高科技企业客户锁定结构方程模型拟合度较好，各影响因素也均能够较好地被其下级指标所评价，除信息不对称因素外，技术优势、转移成本和网络效应这三大因素对高科技企业客户锁定的影响具有显著的统计学意义。在潜在变量与观察变量层面，各潜在变量与其下级指标变量之间的 P 值均为 0.000，表明各指标之间的相互影响关系具有显著的统计学意义；在潜在变量与潜在变量层面，信息不对称对高科技企业客户锁定的 P 值为 0.850，大于 0.05 的显著性水平，说明信息不对称对高科技企业客户锁定的影响不够显著，但转移成本、技术优势和网络效应对高科技企业客户锁定的 P 值分别为 0.001、0.000、0.000，均小于 0.05 的显著性水平，说明这三个因素对高科技企业客户锁定的影响具有显著的统计学意义。

该结构方程模型同时分析出了各因素的重要程度。图 4 – 2 模型中各箭头上的数据反映了各潜在变量之间的路径系数和潜在变量与其观察变量之间的因素负荷量，数值越大，表明其所对应的因素地位越高。从图 4 – 2 中可见，F2、F3、F4 对 F5 的路径系数分别为 0.11、0.82 和 0.21，即转移成本、技术优势和网络效应。对高科技企业客户锁定的直接效果影响值为 0.11、0.82 和 0.21，说明网络效应最能影响高科技企业锁定客户，其次是技术优势，然后是转移成本。而 F1 信息不对称对高科技企业锁定客户的路径系数为 – 0.17，则说明如果信息不对称能够对高科技企业锁定客户产生影响，其影响可能是负向的。

综上所述，信息不对称可能对高科技企业锁定客户产生影响，而转移成本、技术优势和网络效应则确定能对高科技企业锁定客户产生影响。信息不对称产生的影响可能是负向的，而其他三个因素的影响为正向，且影响效果排序为技术优势 > 网络效应 > 转移成本。

第五章 医药制造企业:客户转移成本构建与客户锁定策略

随着我国医药行业的发展,我国医药企业竞争力不断加大,在这种竞争压力下,锁定客户成为我国医药企业提升竞争优势、扩大市场份额的重要保证。一方面,随着市场对医药的需求增加,医药行业竞争者逐年增多,根据《2015 中国统计年鉴》数据,2013—2015 年我国大约累计新增医药企业 914 个,增幅约为 15.05%;另一方面,随着医改的持续推进,市场在药品定价中逐渐发挥着主导作用。2015 年 5 月 5 日,国家卫计委发布了《关于印发推进药品价格改革意见的通知》,决定从 2015 年 6 月 1 日起取消绝大部分药品政府定价,进一步加剧了医药的市场竞争。面对这种竞争加剧的形势,我国医药企业服务的中心发生了从产品到客户的转变[①],"客户观念"逐步取代"产品观念"成为我国医药企业提升竞争优势的主导观念,采取有效的工具锁定客户成为我国医药企业关注的焦点之一。

客户转移成本是锁定客户的关键因素,其锁定程度取决于客户转移成本体系的合理构建及提升策略。客户转移成本有多种构成因素,企业往往通过改进各个构成因素来提高客户转移成本,这一过程促使企业不断进步,而客户也将享受更低的价格和更优质的产品。然而,

---

① 桂敏:《医药企业实施客户关系管理研究》,《现代经济信息》2011 年第 5 期。

据美国贝恩公司的调查显示,在声称对产品和企业满意甚至十分满意的客户中,有65%—85%的客户仍会转向其他产品,只有30%—40%的客户会有重复购买行为[①],这意味着提高客户转移成本虽然能够提高客户满意度,但这并不等同于客户锁定,企业最终能否依靠客户转移成本有效锁定客户,关键还有赖于合适的客户转移成本体系和提升策略。因此,我国医药企业要制定和实施适合自身特点的客户转移成本体系构建和提升策略,才能有效锁定客户。

客户转移成本对锁定客户的意义目前已为国内外研究者所公认,在客户转移成本的研究上已经取得了关于影响因素、作用以及构建等多方面的成果。但是,由于客户转移成本是一个复杂变量,很难用统一的指标来衡量,因此这些成果中绝大多数也都是定性研究,在定量研究上虽然有所进展,但数量仍然很少,研究的困难仍然很大。而在这诸多研究中,鲜见通过计算客户转移成本构成要素的权重来构建客户转移成本的研究,而具体到我国医药企业这一特定行业的客户转移成本构成及评价上的研究就更为稀少。本章以国内外相关客户转移成本理论为基础,结合问卷调查、企业面访的结果,采用层次分析法量化我国医药企业客户转移成本构成要素的权重,评价各构成要素对我国医药企业客户转移成本的影响程度,为我国医药企业在激烈的竞争环境下利用客户转移成本锁定客户提供参考。

第一节 研究方法综述

一 变异系数法

变异系数法是直接利用各项指标所包含的信息,通过计算各指标

[①] 杨淑媚:《关于顾客忠诚度的研究》,《经营管理者》2009年第6期。

的变异系数得到指标权重的一种客观赋权的方法。在这种方法的评价指标体系中，需要衡量各指标的差异，但由于各指标量纲不同，因此采用变异系数来衡量。该方法主要用于评价指标的代表性，若通过变异系数计算出来的各指标差异十分接近，则说明采用该指标对对象进行研究的意义不大。权重计算公式为：

$$W_i = \frac{V_i}{\sum_{i=1}^{n} V_i} \qquad (5-1)$$

二 熵值法

熵是对不确定性的一种度量。信息量越大，不确定性越小，熵越小；反之，信息量越小，不确定性越大，熵越大，通过熵值可以计算各指标的权重。熵值法可用于判断各指标对综合评价的影响力，通过计算指标的离散程度进行判断，指标的离散程度越大，则该指标对综合评价的影响越大，是一种定量研究的方法。该方法的权重计算公式为：

$$W_j = \frac{g_j}{\sum_{j=1}^{m} g_j}, \ j = 1, 2, \cdots, m \qquad (5-2)$$

三 主成分分析法

主成分分析法是将多个具有一定相关性的变量 X_1，X_2，$\cdots$，X_p，通过线性变换，重新组合成一组个数较少的互不相关且尽可能反映原有变量信息的综合指标 Fm 来代替原来指标的一种多元统计分析方法，又称主分量分析法。通过计算各主成分显性组合中的系数和方差贡献率，可以计算各指标权重。这种方法常用于减少因变量个数太多而增加的复杂性，达到使用较少变量即可反映较多信息的目的。

四 层次分析法

层次分析法（AHP），在20世纪70年代中期由美国运筹学家托马斯·塞蒂（T. L. Satty）正式提出。[①] 该方法是一种定性与定量相结合的方法，它用决策者的经验判断各衡量标准之间的相对重要程度，分析出各指标的权重，并检验出将定性的指标量化是否在合理的范围内。层次分析法能够有效地解决那些难以用定量方法解决的问题，是计算权重的诸多方法中运用最多的方法。其计算公式为：

$$w_i = \sum_{j=1}^{n} \frac{(\prod_{j=1}^{n} a_{ij})^{\frac{1}{n}}}{\sum_{k=1}^{n} (\prod_{j=1}^{n} a_{kj})^{\frac{1}{n}}} ; \ i = 1, 2, \cdots, n \qquad (5-3)$$

第二节 研究方法

一 计量指标选取

本书将医药企业客户转移成本的主要构成因素作为本书的计量指标。根据行业特征和前人对客户转移成本构成因素的研究，并通过专家咨询，最终选取了货币成本、心理成本和健康成本作为我国医药企业客户转移成本的主要构成因素。

（一）货币成本

货币成本指客户在转移过程中所发生的一切因转移而造成的金钱

[①] 转引自邓雪、李家铭、曾浩健、陈俊羊、赵俊峰：《层次分析法权重计算方法分析及其应用研究》，《数学的实践与认识》2012年第7期。

损失，包括转移之前已经付出的交易成本和因转移而造成的金钱损失。从形态上来说，货币成本来源于 Burnham 等对客户转移成本中财务转移成本的分类，他把财务成本分为有形的金钱损失和无形的利益损失[①]。此处确定的货币成本，是指其中有形的金钱损失。从时间上来说，王洪宇、王万竹（2006）按货币付出的时间不同，将所付出的货币细分为沉没成本和交易成本等类别，而本书不区分货币所付出的时间，无论是过去、现在还是预计的金钱损失都归为货币成本。

我国医药企业客户转移成本中的货币成本主要受两大因素影响：药品利润和违约赔偿。受到竞争者药品利润的吸引，医药企业客户有可能发生转移，但是，若转移行为发生在与原医药企业的合同期内，则客户的转移行为受到违约赔偿的制约。

（二）心理成本

心理成本是指终止客户喜欢的品牌带来的心理负担[②]。这种负担主要来源于两方面，一方面，客户在与原医药企业的长期合作中，对原医药企业的品牌产生了较深的了解与信赖，形成了品牌偏好，而转移则意味着放弃原有品牌；另一方面，合作关系随着合作时间的延长而不断加深，交易双方无论在企业关系上还是在个人关系上，都形成了一定的情感联系；一旦决定转移，则会使合作关系破裂，损害交易双方的情感联系，这种损害可能使双方日后再难重建合作。出于这两种考虑，客户可能放弃转移。

（三）健康成本

健康成本是指客户在转移时给自身的康复带来的不利影响。药品不同于普通消费品，在药品的消费过程中，客户面临着身体健康上的风险和支出，这种身体健康上的风险和支出便构成了健康成本。健康

---

① Burnham K. P., Anderson D. R., Model Selection and Multimodel Inference: A Practical Information-Theoretical Approach, *Journal of Wildlife Management*, 2002, 67（3）: 175-196.

② 桂敏：《医药企业实施客户关系管理研究》，《现代经济信息》2011 年第 5 期。

成本的大小取决于药品品质，这包括药品的疗效和副作用两方面。医药企业客户致力于寻找疗效好且副作用小的药品以满足客户需求，但往往这两者不能同时满足，需要客户作出权衡。评价这两个因素对于健康成本的影响程度，将能够观察到客户对这两个因素的权衡结果，使医药企业合理地利用健康成本锁定客户。

二 权重计量方法选择

本书通过仔细对比变异系数法、熵值法、主成分分析法和层次分析法这四种权重计量方法的优缺点及适用范围，最终决定选用层次分析法对本书所选指标进行计量。

本书对我国医药企业客户转移成本构成因素进行权重计量，是为了衡量各构成因素对于我国医药企业客户转移成本的重要性。基于评价各指标对总体重要性的目的权重计量方法中，熵值法和层次分析法均适用。但是，熵值法更适用于定量指标的计量，而客户转移成本是一种复杂变量，本身不具有客观数值，而层次分析法则在将定性指标化为定量指标进行权重计量上具有优越性，因而采用层次分析法计量我国医药企业客户转移成本构成因素的权重最为合适。本书数据主要来源于两种渠道：问卷调查和企业面访。

一方面，根据层次分析法的要求设计问卷（见附录Ⅱ），通过问卷星网站定向发送给医药或医疗行业人员填写。问卷发放时段为半个月，共收集问卷319份，其中有效问卷295份。有效问卷填写人员涉及全国27个省份，以北京、上海、广东来源最多，占有效问卷的44.41%。在所有有效问卷填写人员中，89.83%的人员在26—40岁。89.16%的人员具有3年以上从业经验，其中4—6年的占有效问卷的41.02%、7—9年的占27.80%、10—15年的占16.95%、16年及以上的占3.39%。

另一方面，本课题研究成员组成调研团，对贵州百灵集团制药股份有限公司进行了面访,对问卷结果进行了求证,听取了专家对问卷所涉及各指标的分析意见,获得了更多的信息。

第三节 医药企业客户锁定因素实证分析

一 建立递阶层次结构模型

本书构建的递阶层次模型分为三层:目标层、准则层和指标层。目标层描述了通过层次分析法所要达到的总目的,准则层罗列了影响目标层的各个因素,其中各因素又可以细分为多个影响因素。在这三层中,每一层的诸因素既从属且影响上一层的诸因素,又支配下一层的诸因素。

本书递阶层次结构模型构建如图 5-1:

A目标层: 医药企业客户转移成本

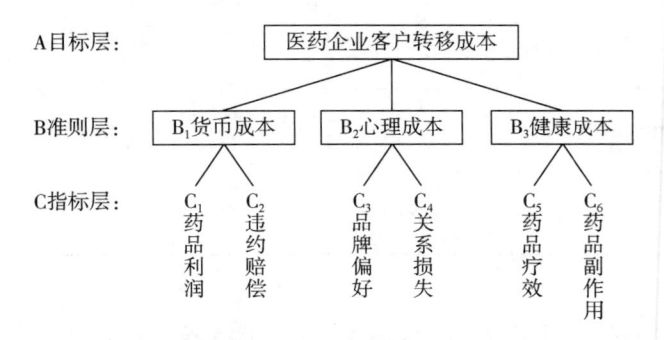

B准则层: B_1货币成本 B_2心理成本 B_3健康成本

C指标层: C_1药品利润 C_2违约赔偿 C_3品牌偏好 C_4关系损失 C_5药品疗效 C_6药品副作用

图 5-1 我国医药企业客户转移成本递阶层次结构模型

二 构造成对比较矩阵

从准则层开始,对同一层的诸因素进行成对比较,按 1—9 比较尺度对指标进行赋值,构造成对比较矩阵直到最下层。为符合采取层次分析法的赋值规则,我们设计问卷如表 5-1 所示,并采用滑动条打分法对指标赋值。

表 5-1　　　　　　　　　　问卷设计

题项：假设现在有新的供应商希望与您建立合作，而下列因素则可能影响您更换原供应商，请对它们两两比较的相对影响程度作出评价：

因素 i	滑动条	因素 j
原供应商更高的药品利润及合同约定的违约赔偿	9　　1　　9	原供应商更好的药品品牌及与其关系损失
原供应商更高的药品利润及合同约定的违约赔偿	9　　1　　9	原供应商更好的药品品质
原供应商更好的药品品牌及与其关系损失	9　　1　　9	原供应商更好的药品品质
原供应商更高的药品利润	9　　1　　9	原供应商合同约定的违约赔偿
原供应商更好的药品品牌	9　　1　　9	与原供应商的关系损失
原供应商药品更好的疗效	9　　1　　9	原供应商药品更小的副作用

滑动条以 1 为中心，向两边延伸，若向 i 延伸，表示因素 i 比因素 j 对客户转移的影响程度逐渐增大；若向 j 延伸，表示因素 j 比因素 i 对客户转移的影响程度逐渐增大。

滑动条指标解释：

1：因素 i 与因素 j 的影响程度"相同"。

3：因素 i 与因素 j 相比，滑动条所偏向因素的影响程度"稍大"。

5：因素 i 与因素 j 相比，滑动条所偏向因素的影响程度"大"。

7：因素 i 与因素 j 相比，滑动条所偏向因素的影响程度"大得多"。

9：因素 i 与因素 j 相比，滑动条所偏向因素的影响程度"极其大"。其他数值代表的影响程度介于相邻两种数值所代表的影响程度之间（表5-1）。

对应表5-1中的题号，（1）—（6）题中因素 i 与因素 j 对医药企业客户转移的影响程度两两比较统计结果如表5-2所示：

表5-2　　　　　　　影响因素成对比较统计结果

题号	因素 i							因素 j							
	9	8	7	6	5	4	3	2	1	2	3	4	5	6	7	8	9
(1)	3	1	12	12	15	22	16	15	19	17	19	43	32	35	23	9	2
(2)	4	4	10	15	11	12	10	17	16	16	26	27	15	28	54	24	6
(3)	0	2	5	9	23	19	22	11	10	14	14	58	48	29	24	5	2
(4)	2	15	38	28	33	33	22	21	19	18	20	12	13	8	9	2	2
(5)	3	14	32	40	30	34	35	17	23	9	15	12	12	6	0	1	
(6)	7	12	40	31	32	24	37	15	19	14	21	18	10	4	7	1	3

取每个题项人数选择最多的分值构造成对比较矩阵（见表5-3—表5-6）。

表5-3　　　　　　目标层与准则层成对比较矩阵

A - B	B_1	B_2	B_3
B_1	1	1/4	1/7
B_2	4	1	1/4
B_3	7	4	1

表5-4　　　　　　准则层货币成本与其指标层成对比较矩阵

B - C	C_1	C_2
C_1	1	7
C_2	1/7	1

表 5-5　　　　准则层心理成本与其指标层成对比较矩阵

B – C	C_3	C_4
C_3	1	6
C_4	1/6	1

表 5-6　　　　准则层健康成本与其指标层成对比较矩阵

B – C	C_5	C_6
C_5	1	7
C_6	1/7	1

三　计算权重并做一致性检验

首先，计算每一个成对比较矩阵的最大特征根 λ_{max} 及其对应的特征向量，本书采用方根法计算最大特征根及其对应的特征向量。然后，利用一致性指标 CI（见式 5-4）、随机一致性指标 RI（表 5-7）和一致性比率 CR（见式 5-5）做一致性检验。按照国内标准，CR≤0.1[①]，表示一致性检验通过，所计算得出的权重向量解释性较强；否则检验不通过，则需修正成对比较矩阵并重新检验，直至检验通过。

表 5-7　　　　　　　　RI 取值表

n	1	2	3	4	5	6	7	8	9
RI	0	0	0.58	0.90	1.12	1.24	1.32	1.41	1.45

$$CI = \frac{\lambda max - n}{n - 1} \qquad (5-4)$$

$$CR = \frac{CI}{RI} \qquad (5-5)$$

---

① 国内一致性检验标准：CR≤0.1；国外一致性检验标准：CR≤0.01。

按照上述方法，计算权重并做一致性检验。

（一）计算准则层权重并做一致性检验

$$\begin{pmatrix} 1 & 1/4 & 1/7 \\ 4 & 1 & 1/4 \\ 7 & 4 & 1 \end{pmatrix} \xrightarrow{n \text{次根}} \begin{pmatrix} 0.329 \\ 1 \\ 3.037 \end{pmatrix} \xrightarrow{\text{归一化}} \begin{pmatrix} 0.075 \\ 0.229 \\ 0.695 \end{pmatrix}$$

$$w = (0.075, 0.229, 0.695)^T$$

$$\lambda_{max} = \frac{1}{3}\left(\frac{0.231}{0.075} + \frac{0.703}{0.229} + \frac{2.136}{0.695}\right) = 3.074$$

$$CI = \frac{3.074 - 3}{3 - 1} = 0.037$$

$$CR = \frac{0.037}{0.58} = 0.064 < 0.1$$

CR < 0.1 表明一致性检验通过，权重向量 w = (0.075, 0.229, 0.695)^T 具有较好的解释力，货币成本、心理成本和健康成本对我国医药企业客户转移的影响程度排序为：健康成本 > 心理成本 > 货币成本。

（二）计算指标层权重

由于指标层均是由两个因素构成的成对比较矩阵，RI = 0，因此不需要检验一致性，计算权重即可。同准则层权重计算过程，计算指标层权重结果如下：

（1）健康成本的指标层权重：

$$w = (0.875, 0.125)^T$$

结果表明，药品疗效和药品副作用对健康成本的影响程度排序为：药品疗效 > 药品副作用。

（2）心理成本的指标层权重：

$$w = (0.857, 0.476)^T$$

结果表明，品牌偏好和关系损失对心理成本的影响程度排序为：品牌偏好 > 关系损失。

(3) 货币成本的指标层权重：
$$w = (0.875, 0.125)^T$$

结果表明，药品利润和违约赔偿对货币成本的影响程度排序为：药品利润 > 违约赔偿。

四 结论

为帮助我国医药企业利用客户转移成本锁定客户，本书提炼了我国医药企业客户转移成本的构成要素，并据此构建了一套评价体系。在这一体系中的各指标形成层层影响的关系，每一层都影响上一层，又同时受到下一层各指标的影响。

我国医药企业客户转移成本主要由货币成本、心理成本和健康成本构成。其中健康成本对我国医药企业的客户转移影响最大，其次是心理成本，最后是货币成本。这表明了我国医药企业客户关注药品品质远胜于其他因素，当今医药企业要锁定客户，最重要的就是要提高药品品质；其次要注重提升品牌影响力，维持良好的客户关系；最后在此基础上，尽量创造价格优势。

药品疗效和副作用是影响健康成本的两个主要因素，几乎任何药品在具有治疗功效的同时，也可能发生副作用，但在这两个因素中，药品疗效要远比药品副作用更令医药企业客户关注。我国医药企业致力于不断提升药品疗效，又同时降低药品副作用，将大大提高健康成本，增强对客户的锁定作用。

品牌偏好和关系损失是影响心理成本的主要因素，其中品牌偏好对防止客户转移的作用要大于关系损失。医药企业客户转移时，会比较新旧医药企业的品牌，同时，与原有供应商合作关系的终止会使日后难以重建合作，带来一定人际心理压力。但两相比较下，客户对品牌的考虑更多，由于对原供应商品牌的熟悉、信赖而产生的品牌偏好，更容易使有意转移的医药企业客户放弃转移,而忠诚于原企业。因此,注重品牌形象的塑造对医药企业利用心理成本锁定客户十分重要,而维持良好的客户关系能够起到辅助作用。

药品利润和违约赔偿对货币成本产生主要影响,而药品利润更能吸引客户忠诚于原企业。在合同期内的医药企业客户若发生转移,客户将付出违约赔偿,违约赔偿虽然能在一定程度上阻止客户转移,但竞争者所能提供的更大的利润空间将更具吸引力,客户可能为此宁愿付出违约赔偿也要及时转移。因此,在客户有意向转移时,医药企业提供比竞争者更大的利润空间才是防止客户转移的关键。

第四节 医药制造企业客户转移成本构建策略

药品与其他高科技产品有所不同,药品属于经验产品,客户是否购买该药品与客户规模、互补品质量数量关联度较小。另外,药品制造企业品牌经营风险较大,由于药品的特殊性,一旦药品制造企业出现质量问题,带来的负面影响往往是不可逆的,因此,药品制造企业通过构建或提高转移成本锁定客户时应注意以下几点。

一 诚实守信,互惠互利

医药制造企业需要本着诚实守信、互惠互利的原则构建客户转移成本。只有基于诚实守信、互惠互利原则构建的转移成本才能建立企业与客户长期稳定的交易关系,才能给企业带来最终利润。如果脱离了这个原则,客户对产品存在转移成本将会产生抵触情绪,当转移成本过高时,甚至会增强客户的转移意愿,加快客户的转移。尤其是医药制造企业,其产品不同于一般产品,往往关系着客户的身体健康,所以医药企业构建转移成本时,不仅应从客户经济利益考虑,更要为客户的健康考虑。

二 结构合理，保证优势

医药制造企业构建转移成本或提高客户转移成本，应符合客户和企业的实际需要，不能脱离实际，要合理合规。针对医药企业，本章就不同类型客户转移成本影响作用大小进行了排序，其中，影响程度最大的转移成本是健康成本，客户购买药品主要看重药品是否具有疗效，药品质量是医药企业赢得生存、发展的首要条件，也是消费者信任与忠诚的基础；其次是心理成本，医药产品同其他产品不同，客户对医药产品的需求具有较强的时效性，往往越早服用，疗效越好，所以客户一般倾向于熟悉的药品；最后，与其他产品不同的是，货币成本对药品的影响所占权重较低。

三 打造品牌，树立形象

注重心理成本的提高，注意企业品牌的打造和企业形象的树立，医药企业充分利用企业自身优势，突出特点，强化品牌建设意识，打造品牌知名度，发展壮大优势品牌，减少客户转移忧虑。增加产品种类，朝品牌多元化的方向发展，增加客户被锁定的程度。医药企业在打造品牌的同时须将药品价格控制在合理的范围内，提升本企业生产药品的性价比。

第六章　共享单车：转移成本和客户锁定视角下的营销对策

在十二届全国人大五次会议上，李克强总理强调政府要"支持引导共享经济发展，提高社会资源利用效率，便利人民群众生活"。李克强总理强调政府把共享经济看作是带动实体经济发展的一个良方，希望利用互联网线上优势带动线下实体经济，以共享经济的形式来整合线上线下经济生态系统。由此中国共享经济迎来发展黄金时代。

随着我国城市人口密度大幅增加和城市经济的快速发展，给城市带来的交通拥堵问题和环境污染问题日益严重，发展共享单车被认为是解决城市公共交通问题的有效方式。共享单车以互联网技术为依托构建平台，首创无桩借还模式提高了单车在使用时的灵活程度，解决了人们"出行最后一公里"的痛点问题。

共享单车概念最早起源于欧洲，在我国的发展经历四个阶段。第一阶段是在2007年，我国的北京、天津、南京等城市开始出现智能化管理运营的共享单车系统。第二阶段是2007—2010年，在这一阶段市场主要发展由城市统一管理的公共自行车租赁业务。第三阶段是2010—2013年，在这一阶段主要发展企业主导的承包市政单车项目。国内第一家主导承包市政单车的企业是永安车行，2010年永安车行成立并开始承接台州、苏州、上海的公共自行车系统项目。第四阶段是

2016年至今，2016年是共享单车的起步之年，该阶段主要是发展企业运用互联网思维并获得融资的共享单车项目。这一阶段摩拜、ofo、悟空单车、hellobike等大量共享单车企业开始争夺市场。共享单车有效地解决了"走路累、公交挤、开车堵、打车贵"的城市交通困扰。

客户对于共享单车的认可度和接受度随着互联网客户规模的扩大而加强，共享单车竞争市场日益激烈。共享单车客户规模一直呈快速增长趋势，截至2017年3月共享单车的客户规模已经超过3000万人。共享单车客户数量增长迅速，新增的客户黏性仍然未知，如何沉淀客户是互联网经济环境下共享单车企业面临的一个现实问题。

在"互联网+"经济背景下通过对共享单车客户转移行为的研究，企业不仅能辨识出影响客户黏性的影响因素，也能针对不同的目标客户群体开展有针对性的营销活动，为企业实现精准化运营提供科学的决策依据。本章针对不同共享单车企业营销策略进行分析，从转移成本和客户锁定机制层面对企业活动进行研究，希望通过这些研究为企业发展共享商业模式提供借鉴。

第一节　共享单车市场现状

2016年10月之前共享单车的发展处于初始阶段，共享单车主要集中投放在高校和北上广深等地。2016年10月后，共享单车行业进入快速增长阶段（图6-1），该阶段主要是靠免费骑行和大量补贴等活动来吸引新客户和增加老客户的活跃度。2017年4月后，客户增速放缓。

2016年10月后共享单车企业开始大规模地进军二、三线城市，2017年4月后共享单车投放区域进一步扩大。在国内市场上表现为向三、四线城市下沉；在国际市场上表现为部分共享单车走出国门，目前我国的共享单车已经进入的国外市场有法国、西班牙、德国、美国、英国等。共享单车也成为中国品牌形象输出的重要窗口之一（表6-1）。

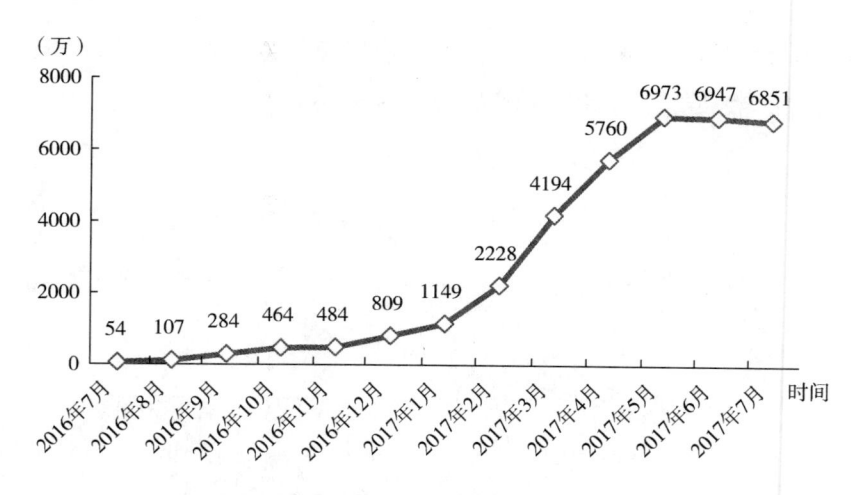

第六章 共享单车：转移成本和客户锁定视角下的营销对策　　131

（万）

8000 ── 6973 6947 6851
　　　　　　　　　　　　　　　　　　　　 5760
6000 ──
　　　　　　　　　　　　　　　　 4194
4000 ──
　　　　　　　　　　　　 2228
2000 ──　　　　　　　 1149
　　　　　　　　 809
　 54 107 284 464 484
　0 ──┼──┼──┼──┼──┼──┼──┼──┼──┼──┼──┼──┼── 时间
2016年7月　2016年8月　2016年9月　2016年10月　2016年11月　2016年12月　2017年1月　2017年2月　2017年3月　2017年4月　2017年5月　2017年6月　2017年7月

图 6-1　共享单车活跃客户规模

资料来源：《2017 共享单车行业发展报告》。

表 6-1　　　　　主要共享单车企业的市场覆盖面　　　　　单位：个

企业	覆盖城市的数量
ofo	43
摩拜单车	32
小鸣单车	20
Hellobike	15
悟空单车	1

注：数据截至 2017 年 3 月 20 日。
资料来源：《2017 共享单车行业发展报告》。

一　共享单车客户尚未被锁定

随着客户接纳程度越来越高，共享单车数量越来越多，客户重合率呈现出不断上涨的趋势，据企鹅智酷结合 QuesMobile 大数据得出结论：2016 年 10 月已有超过 21 万"双客户"（既是 ofo 客户，也是摩拜客户）；2016 年 11 月"双客户"的数量增加到 49.05 万；2016 年 12 月"双客户"规模达到 72.82 万人；2017 年 1 月"双客户"规模达到了 121.56 万人，在 ofo 与支付宝芝麻信用免押金合作后，"双客户"的数量上涨趋势更为明显（图 6-2—图 6-3）。

	2015年	2016年8月	2016年9月	2016年10月	2016年11月	2016年12月	2017年1月	2017年2月	2017年3月	2017年4月	2017年5月	2017年6月	2017年7月
ofo客户重合率	26.0	36.0	20.0	22.0	31.0	42.0	43.0	39.0	34.0	34.0	29.0	27.0	27.0
摩拜客户重合率	3.00	2.00	3.00	6.00	10.0	12.0	15.0	20.0	27.0	29.0	31.0	30.0	26.0

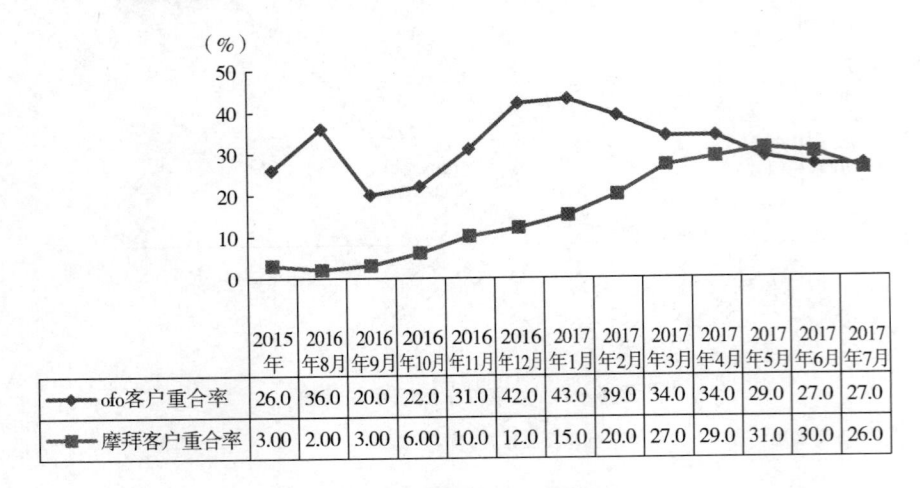

图 6-2　摩拜与 ofo 的客户重合率

注：ofo 客户重合率 = ofo 与摩拜的重合客户数/ofo 的客户数；摩拜客户重合率 = ofo 和摩拜的重合客户数/摩拜的客户数。

资料来源：《2017 共享单车行业发展报告》。

尽管当时 ofo 与摩拜已经成为共享单车行业巨头，但这并不意味着其他企业失去了发展品牌的机会。为了在实际生活中更方便地使用共享单车，大部分客户会倾向于注册多种共享单车，造成不同共享单车企业拥有一定数量的重合客户。单车接入多种免押金活动后在一定程度上促进客户尝试更多单车种类。当注册多种共享单车的客户同时遇到多种可选择的单车时，如何让客户选择自己品牌的单车成为企业要攻克的难题。

从市场表现来看，优惠或免费活动吸引力最大，大部分客户会优先选择有优惠活动或优惠活动较大的单车，给新共享单车企业提供了进入市场的可能。

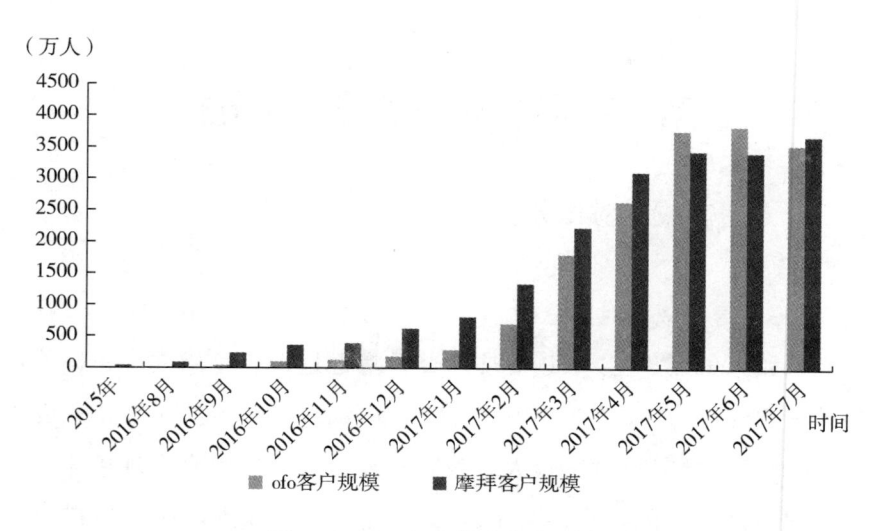

图 6-3　ofo 与摩拜的客户规模

资料来源：《2017 共享单车行业发展报告》。

二　黏性客户发展空间大

企鹅智酷在线调研了 6000 名智能手机客户，结果表明近 7 成的共享单车客户表示在日后的出行中还会经常使用共享单车，仅 1.2% 的客户表示不会再使用。企鹅智酷调研结果说明：共享单车市场尚未饱和，获取新客户和锁定老客户是企业成功经营的关键。

从客户的使用频率来看，大部分客户尚未成为共享单车的黏性客户。现有的黏性客户（每天都使用共享单车的客户）一般是在上学和工作途中养成的使用习惯，这类客户的押金往往保留较长时间。大部分的非黏性客户只是在平台注册，在有需求的时候才会使用，这类客户往往是在使用时才充押金使用完即退，押金对非黏性客户"锁定"效果较差。此类客户在面临多种共享单车选择时比较随意。现阶段共享单车企业经营的重点是如何提高客户黏性。

第二节　共享单车企业对比分析

一　用车成本对比分析

（一）寻车成本对比分析

比如，ofo 客户在 APP 中难以查看附近是否有可用的单车，使用小黄车"靠缘分"，具有较强的随机性和偶然性，客户的寻车成本（寻车时间、寻车精力）较大。若客户经过寻找后没有发现单车，或者发现的是损坏的单车，会造成客户产生沉没成本。而客户在摩拜 APP 中可以查找附近的可用单车，点击预约用车还能享受预约服务，让客户能提前规划自己的出行计划，并能利用自带导航寻车，减少客户寻车的盲目性，此时客户花费的寻车成本较小。从转移成本和客户锁定的角度来看，寻车成本越低，客户发生转移的可能性越低，企业对于客户锁定的效果更好。

（二）用车解锁感知成本

对比摩拜扫码即开关锁即结束计费的用车步骤，第一代 ofo 用车步骤比较烦琐，需要客户在轮盘锁上转出 4 位密码，然后再按下弹簧锁开锁，还车时也比较复杂，不仅要按下弹簧锁锁车，还需要手动打乱密码，最后在 APP 上点击完成用车。与摩拜相比，第一代 ofo 客户用车感知成本更大。经过一段时间的市场运营，ofo 企业发现复杂的开锁过程导致一部分客户转移到其他共享单车企业，于是 ofo 陆续向市场投放二代 ofo 和三代 ofo。与一代 ofo 相比，二代 ofo 的按密码解锁虽然比一代使用较方便（使用完了之后不必用手动打乱密码），但客户用车步骤仍然较为复杂，仍需手动开锁。三代 ofo 虽然解决了自动开锁的问题，但结束骑行后仍然需要手动在 APP 上点击结束用车。就客户用车解锁感知成本而言，ofo 的客户感知成本高于摩拜。

从转移成本和客户锁定角度来看，客户用车解锁感知成本越大，则转移倾向越大，企业对于客户的锁定效果越差。

（三）用车费用成本

ofo 价格按客户划分为 2 档：学校师生（需认证）5 毛/小时，社会客户 1 元/小时。摩拜的价格按车型也分为 2 类：一类是摩拜轻骑 5 毛/半小时，摩拜经典轻骑 1 元/半小时。摩拜的生产成本高，押金较高，为 299 元；ofo 的押金最早是 99 元，后面伴随着单车成本的上升而提高到 199 元。此外和市场上其他单车不同的是，ofo 对于认证的校园客户和芝麻信用 650 分以上的客户是免押金的。从用车费用成本上看，摩拜的用车成本较贵。

但是经过调研发现，客户骑行单车时间普遍不是很长，导致客户对于用车成本敏感度不高，反而更在乎用车的感知成本。ofo 企业将押金从 99 元提高到 199 元，在一定程度上提高了老客户被锁定的程度。一部分 99 元押金的老客户可能出于不愿增加押金的考虑，选择不退押金，继续使用 ofo 单车。"押金"锁定效应体现在客户再次使用单车时，大部分客户会优先选择已缴纳押金的单车。

从转移成本和客户锁定的角度来看，客户用车费用成本越大，转移倾向越大，企业对于客户锁定效果越差。

（四）用车骑行体力成本

"摩拜经典"车架沉重、骑行吃力、骑行颠簸和车座不可调的特点造成了客户骑行需要耗费更多的体力成本。为了节省客户的骑行体力，"摩拜轻骑"拆掉了笨重的大功率发动机，用混合材料代替铝合金，减轻车身重量，用 KMC 链条代替轴传动。即使是经过改良后的"摩拜轻骑"在骑行体力成本上仍然高于 ofo。ofo 小黄车骑行起来比较轻快，实心轮胎、车座可调、抱刹系统都方便了客户骑行，增加了骑行客户的锁定程度。

从转移成本和客户锁定的角度来看，客户用车骑行体力成本越低，转移倾向越低,企业对于客户的锁定效果越好。

二 共享单车企业经营比对分析

(一) 多种客户补贴活动,提高客户的锁定程度

共享单车在投放市场后,各共享单车企业为了更快地占领市场份额,采用了多种营销活动提高客户转移成本。2017年共享单车市场竞争升级,以摩拜和ofo为代表的多家共享单车平台大打价格战。一系列提高客户数量、使用频率以及培养客户使用习惯的营销方案层出不穷。各单车企业相继采用了周末免费骑、助力上下班高峰免费骑、免费月卡、1元月卡、骑行抢红包等活动,目的都是吸取新客户以及进一步增强老客户的黏性,提高老客户使用频率。我们可以把这一阶段称为客户教育阶段,这一阶段的主要营销手段是降低客户的进入成本。具体活动见表6-2。

表6-2　　　　　　　　ofo和摩拜营销活动对比情况

ofo	摩拜
2017年1月27日至2071年2月2日,ofo推出充值最高返现100%的活动	2017年2月20日在济南、上海等地推出免费骑行的活动。
2017年2月11日至12日,推出认证客户不限次数免费骑行的活动	2017年3月初推出"充100得210、充50得80、充20得30、充10得20"充值优惠
推出"助力城市早高峰"活动,从3月6日开始,周一到周四7:00—10:00免费骑行	从3月13日开始,摩拜单车周一到周四10:00—16:00免费
2017年3月6日至12日,北京地区免费	2017年3月至4月推出"骑行抢红包"活动,客户可以通过骑行获得红包
2017年7月27日至9月6日集齐五种"七夕卡"即有兑换77.77元现金红包的机会	2017年7月推出1000万份免费月卡
2017年8月推出1元月卡	2017年7月推出2元月卡和5元90天月卡

一旦客户参与任一单车企业活动，再想转换单车供应商就意味着要放弃在之前单车供应商处获得的优惠权利。比如已经领取了摩拜免费月卡的客户，那么客户在转换到 ofo 单车供应商时就会面临两种选择：一种选择是不退摩拜的押金，这时客户不仅要支付骑行 ofo 的费用，还需要再支付 ofo 的押金，此时客户费用成本较大；另一种客户选择是退回摩拜押金，放弃免费骑行摩拜的机会，此时，客户心理感知成本较大。各单车企业制定这些活动的目的也就是提高客户的转移成本从而锁定客户。

（二）失败的悟空单车给我们带来的启示

重庆悟空单车在运营仅五个月后即宣布停止运营，成为共享单车市场上第一家倒闭的单车企业。悟空单车投放到市场的单车数量少，导致了客户搜索单车的成本大，寻车困难。在摩拜和 ofo 迅速扩大市场单车规模的时候，悟空单车一方面资本不足、供应链出现断裂，导致悟空单车在数量规模上无法适应市场；另一方面悟空单车由于资本的限制要控制成本，单车的制造都是与小企业合作加工，单车质量不佳导致维修费用居高不下，运营举步维艰。

悟空单车和 ofo 一样都是从校园起家，悟空单车由于公司规模和公司资金的限制导致单车的质量较差。悟空单车和 ofo 同样都是 99 元的押金，但因为缺少客户补贴和收费较高，使悟空单车客户吸引力较差。悟空单车客户试用成本、使用成本都高于 ofo 客户。悟空单车的客户可以在几乎没有任何转移成本的情况下切换单车供应商并且获得更多的利益。

悟空单车和摩拜相比，虽然押金较低，客户的使用门槛较低，但是劣质的悟空单车导致客户的骑行感受较差，再加上摩拜五花八门的客户补贴，导致悟空单车客户流失。

悟空单车和其他单车企业进入市场的战略不同，悟空单车首个进入地区是重庆，而摩拜和 ofo 先进入人口比较密集的一线城市。一线城市交通出行问题更为严峻，基础交通道路设施更有利于共享单车的使用，客户规模更大。一线城市共享单车市场的需求、市场规模、客户的消费能力都要高于重庆；另外重庆的山区地势在一定程度上限制了悟空单车发展，悟空单车在重庆的大学城附近使用较多，悟空单车投放区域较小，客户规模小，客户一般都是重庆大学城的在校师生。

第三节　影响因子分析

在进行社会、经济以及科学管理等领域问题的系统分析时，常常面临一个由相互关联又相互制约的多因素组成的复杂系统，层次分析法为分析这类复杂系统问题提供了一种系统性、便捷性和实用性并存的方案。

层次分析法需要细化所要分析的问题，根据问题的原因和所要达到的总目标，将问题划分成不同的组织因素，并按照各因素之间的关系、影响、重要性等分为不同层次，将这些层次组合成一个多层次的结构分析模型。层次分析法把系统分析归纳为最低层（供决策的方案措施等）相对于最高层（总目标）的相对重要性权值的确定或相对优劣次序的排序问题。

层次分析法的基本步骤分为五个部分。

（1）建立层次结构模型。在逐步分析系统所面临的问题或总目标之后，将涉及问题或总目标中的因素划分为不同层次，如目标层、准则层、方案层、措施层等，用框架图形式说明层次的递阶结构与因素的从属关系。

（2）建立判断矩阵。通过对各因素相对重要性的分析，如优势、劣势、强度、偏好等，判断各矩阵元素代表的取值，一般采用1至9及其倒数的标度法。

（3）矩阵的各层次单排序及一致性检验。判断矩阵A的特征根问

题 $AW = \lambda_{max} W$ 的解 W，经归一化后即为同一层次相应因素对于上一层次某因素相对重要性的排序权值，这一过程称为单排序。为进行层次单排序或判断矩阵的一致性检验，需要计算一致性指标 $CI = \frac{\lambda_{max} - n}{n - 1}$。当随机一致性比率 $CR = \frac{CI}{CR} < 0.10$ 时，认为层次单排序的结果有满意的一致性。其中平均随机一致性指标 RI 是特定给出的。

（4）共享单车企业竞争锁定总目标的层次总排序。层次总排序即是将每一层次所有因素对于最高层的相对重要性的权值排序，这一过程是从最高层次到最低层次逐层进行的。

（5）层次总排序的一致性检验。这一步骤也是从高到低逐层进行的。

一 建立层次结构模型

共享单车企业的特殊性决定了锁定的因素为市场营销情况好坏、核心竞争力强弱、客户忠诚度高低和企业管理优劣，这四项因素又由若干个指标组成，将共享单车企业竞争锁定评价体系划分为三个层次，如图6-4所示。

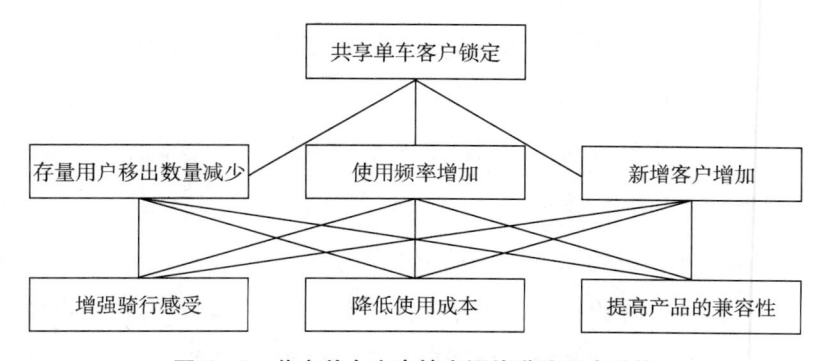

图6-4 共享单车客户锁定评价递阶层次结构

二 建立判断矩阵

建立评价层次模型，上下层的从属关系和相关关系已经成立，此部分则是将各个层次中的子元素进行两两比较，确定因素之间相对重要性，一般采用1—9及其倒数的标度法（表6-3）进行重要性认识。

表6-3　　　　　　　　　　　倒数标度法

分值标度	规则
1	两个因素相比具有同等重要性
3	两个因素相比，前者比后者稍微重要
5	两个因素相比，前者比后者明显重要
7	两个因素相比，前者比后者强烈重要
9	两个因素相比，前者比后者极端重要
2，4，6，8	上述相邻判断的中间值
倒数	$a_{ji} = \dfrac{1}{a_{ij}}$

设定A代表最高层（目标层），C代表中间层（准则层），P代表最低层（方案层）。表6-3为取值准则。首先以A为比较准则，与下层次C各个因素进行两两比较，判断矩阵为A-C；类似地，以每个C为比较准则，与P层次各个因素进行两两比较，判断矩阵为C_1-P、C_2-P、C_3-P，得到以下比较判断矩阵。

基于客户调研的假设，增强骑行的良好感受，存量客户转移较少，使用频率增加较多，新增客户增加适中；降低使用成本，客户使用频率最大，存量客户转移较少，新增客户较多；提高产品的兼容性，新增客户最多，使用频率变化最小，存量客户转移较少。

对于准则 C_1（存量客户移出数量减少）来说，判断矩阵为（见表 6-4）：

表 6-4

C_1	P_1	P_2	P_3
P_1	1	5	3
P_2	1/5	1	1/3
P_3	1/3	3	1

对于准则 C_2（新增客户数量增加）来说，判断矩阵为（见表 6-5）：

表 6-5

C_2	P_1	P_2	P_3
P_1	1	6	3
P_2	1/6	1	1/2
P_3	1/3	2	1

对于准则 C_3（使用频率增加）来说，判断矩阵为（见表 6-6）：

表 6-6

C_3	P_1	P_2	P_3
P_1	1	4	6
P_2	1/4	1	3/2
P_3	1/6	2/3	1

三个准则对目标层 A 的评定顺序，假设对客户锁定效果的评价首先要求存量客户不能减少，其次是新增客户数量增加，最后才是使用频率增加，则判断矩阵为（见表 6-7）：

表 6-7

A	C_1	C_2	C_3
C_1	1	5	3
C_2	1/5	1	1/3
C_3	1/3	3	1

三 矩阵的各层次单排序及一致性检验

（1）判断矩阵 A-C（各准则相对于共享单车企业客户竞争锁定目标的相对重要性权值）

$$W = \begin{bmatrix} 0.6333 \\ 0.1061 \\ 0.2604 \end{bmatrix}, \begin{array}{l} \lambda_{max} = 3.038 \\ CI = 0.019 \\ CR = 0.03 \end{array}$$

（2）判断矩阵 C_1-P（各子因素相对于提高市场营销准则的相对重要性权值）。

$$W = \begin{bmatrix} 0.6333 \\ 0.1061 \\ 0.2604 \end{bmatrix}, \begin{array}{l} \lambda_{max} = 3.038 \\ CI = 0.019 \\ CR = 0.03 \end{array}$$

（3）判断矩阵 C_2-P（各子因素相对于提高企业核心竞争力准则的相对重要性权值）。

$$W = \begin{bmatrix} 0.6667 \\ 0.1111 \\ 0.2222 \end{bmatrix}, \begin{array}{l} \lambda_{max} = 3 \\ CI = 0 \\ CR = 0 \end{array}$$

（4）判断矩阵 C_3—P（各子因素相对于提高客户忠诚度准则的相对重要性权值）。

$$W = \begin{bmatrix} 0.535 \\ 0.1338 \\ 0.0892 \end{bmatrix}, \quad \begin{array}{l} \lambda_{max} = 3 \\ CI = 0 \\ CR = 0 \end{array}$$

此过程中，各层次单排序 CR 均小于 0.10，所以通过一致性检验。

四　共享单车企业竞争锁定总目标的层次总排序

各因素相对于共享单车企业竞争锁定客户的层次总排序计算如表 6-8 所示。

表 6-8　　　　　　　　　　层次总排序

C P	C_1	C_2	C_3	总排序结果
	0.6333	0.1061	0.2604	
P_1	0.6333	0.6667	0.5352	0.6112
P_2	0.1061	0.1111	0.1338	0.1160
P_3	0.2604	0.2222	0.0892	0.2119

五　层次总排序的一致性检验

从计算结果分析，方法 P_1 增强骑行感受在综合评价中权值最大为 0.6112，故应优先考虑；其次是方法 P_3 提高产品的兼容性，在综合评价中权值占 0.2119；在综合评价中权值最小的是方法 P_2 降低成本。

第四节　对策建议

一　利用良好的骑行感受，提高客户转移成本

骑行体验是影响客户是否发生转移的重要因素。客户再次出行时会倾向于选择骑行体验更好的车型。在摩拜与 ofo 的骑行体验上，第一代摩拜的客户体验较差，车身重，骑行吃力让摩拜在刚刚进入市场的时候难以被客户接受，摩拜后来在技术上对车身进行改良，陆续推出了摩拜二代和摩拜三代，改善了摩拜的骑行体验。在不断更新单车车型的过程中，骑行体验更好的单车会带来更高客户转移成本，从而提高客户黏性。快捷顺利的开锁体验也能提高客户转移成本。开锁失败或者遭遇坏车只耽误几分钟时间，但作为基础功能如果累积几次这种"极差"体验，会让客户极度反感，甚至在一定程度上造成客户流失。

共享单车企业应着眼于提高单车技术含量，从而达到技术锁定的效果。以 ofo 和摩拜为例，在早期市场上共享单车数量还不是特别多的时候，摩拜所具有的预约用车功能，能使客户提前预约周围"空闲"车辆，然后按照地图导航指示的路线寻车，从而达到"人未到车已锁定"效果。该功能可以降低客户找车的盲目性，提高找车成功率，降低客户的搜索成本、时间成本和精力成本，更好地吸引客户。而 ofo 虽然已经经历了三代的改良，但还是没有预约用车的功能，这在一定程度上帮助摩拜锁定了一部分的客户，但是随着市场上共享单车数量的迅速扩张，各种共享单车随处可见，这一技术锁定效果也开始呈现下降趋势。

二 增加解锁渠道，降低客户进入成本

随着共享单车市场持续发热，各共享单车企业已经完成多次融资。大企业纷纷入驻共享单车市场，解锁共享单车入口也在增多。大部分客户主要通过共享单车 APP 来解锁单车，其次是通过支付宝或微信解锁，少量客户通过滴滴出行和地图类软件解锁。

支付宝和微信这两大高频应用加入共享单车接口后，在给其增加流量的同时也为单车企业带来了一定量的新客户。滴滴出行和地图类应用虽然看起来和共享单车的出行场景比较吻合，但由于客户使用习惯尚未养成，用其解锁客户占比极小。支付宝能解锁多种共享单车，芝麻信用免押金等活动效果明显。在微信解锁共享单车入口中，有两种解锁方式，一种是小程序解锁，一种是微信服务或公众号解锁。

多元化的解锁接口帮助共享单车增加了企业接触到新客户的途径。从市场表现来看，共享单车与微信和支付宝的合作都取得了初步的成功。二者在推广策略和路径上都有差异，支付宝通过芝麻信用免押金、扫码送出行保障险等方式推广，而微信通过自身一些创新的小程序和一些触发性的场景进行推广。丰富的入口并没有导致单车客户的转移，反而更有利于客户的锁定。丰富的入口在一定程度上可以降低客户的试用成本、搜索成本、设置成本、交易成本。客户不需要额外去下载共享单车的 APP。日常生活中，客户对于共享单车的需求可能是突发性、随机性的，一部分客户可能在出行过程中对共享单车产生偶遇式骑行的需求，但是考虑到下载共享单车的 APP 需要额外流量和手机内存空间而选择放弃，这时支付宝和微信的入口就能很好地满足这类客户的需求。比如 ofo 通过接入支付宝的流量端口和摩拜接入微信小程序，让共享单车企业享受"搭便车"效应。一方面共享单车企业可以通过搭载支付宝和微信获取大量的客户；另一方面，支付宝和微信也

能通过共享单车端口高频的打开率赚取更多的流量，有利于双方企业实现共赢发展多元化的盈利模式。

三　利用网络的外部性，发挥报酬递增效应

阿瑟认为技术的发展路径很难预测，且技术规模收益递增。同时他认为技术竞争受很多因素的影响。网络经济具有很强的外部性，比如高科技企业技术的研发会受到偶然性的影响，偶然的发现可能会给某项技术带来重大突破，重大突破可能会给企业带来规模效应，创造市场优势，有利于企业占领市场主导地位。

针对共享单车转移成本的研究发现，转移成本大小与单车企业规模有关，规模越大的单车企业客户转移成本越大。转移成本的存在使得市场原本竞争力就强的企业竞争力更强。现有共享单车市场上规模效应主要体现在单车数量规模和解锁渠道入口两个方面。ofo 通过搭载支付宝、滴滴打车等平台，摩拜通过搭载微信平台提高了与市场上其他网络产品的兼容性。兼容性越高相对来说客户的产品价值越高，客户使用意愿越强，越有利于提高企业市场份额。

针对共享单车市场而言，直接网络效应是指随着客户规模扩大，客户安装基础也随之增大。对于共享单车企业自身而言，安装基础越大对于其他企业而言企业的吸引力越大，跨企业合作时共享单车企业具有较大话语权。在网络外部性市场中，客户使用产品价值不仅取决于自身产品的价值，也受互补品的数量和质量的影响。对于新客户而言，原有客户基础大的单车企业吸引力更大。为了获取更多的市场份额，单车企业会先用低价格、客户补贴等活动吸引客户，这一阶段也称为客户习惯培养阶段。等到市场份额足够大、客户充分锁定时单车企业再提高价格。共享单车市场形成的路径依赖效应是指市场上现有的存量客户即使转移到别的企业可以获得更高的产品效用，但由于习

惯了使用现有产品，不会转移的现象。

四 利用大数据，合理投放共享单车

据人民网、《法制日报》2017年9月27日的报道，全国已经有12个城市叫停共享单车的投放，给持续发热的市场带来了降温作用，让企业不得不思考未来发展的问题。

共享单车数量"病毒式"高速增长态势可能是导致共享单车市场出现问题的主要原因。共享单车企业可以根据后台客户大数据和云计算对客户行为进行大数据分析，做到针对性投放避免盲目投放单车。这既可以提高单车使用频率，又能减少由于单车数量过多、随处停放给城市道路带来负面影响。另外，在共享单车调度方面，企业也可以利用大数据的分析，采取 7×24 小时的人工调度制度，最大限度地降低共享单车无序停放造成的交通拥堵和对市容的破坏，7×24 小时的调度制度可以提高共享单车的利用率。

目前市场没有针对共享单车使用的法律规定，在相关的法律法规没有出台以前，企业可以根据后台的 GPS 定位数据对违规停放的客户进行处罚。比如摩拜和 ofo 在骑行之后都会有信用评分的制度，若发现一次违规停车就扣 100 分（信用分），影响客户日后的用车。除了企业层面的管理制衡，政府部门也应尽早出台相关制度，规范共享单车的使用。

五 开创后向收费模式供客户免费使用

开创针对客户免费的后向收费模式，把平台打造成带动实体经济发展的杠杆。共享单车虽然能够降低客户交通出行成本，但并不免费。如果企业能够免费向客户提供单车，单车对于客户吸引力将更大。新

客户数量增多的同时老客户使用频率也将增加。每辆共享单车的使用频率增加了，市场上共享单车的数量也会得到相应的控制，这样不但减少了企业的成本，同时减缓了城市管理共享单车的压力。

客户免费模式下，企业可以利用客户出行的大数据作为和其他商家进行资源置换的资本，把单车市场看作是一个巨大的广告市场，利用平台的客户规模为其他企业进行广告宣传。企业可以利用客户历史出行数据，进行有针对性的联合推广活动，减少广告投放的盲目性，为合作的企业精准锁定客户和精准营销提供科学依据。研究表明，黏性客户在使用单车时，骑行距离并不是很远，一般在3公里范围内，活动区域不大，通常都是家、学校、公司附近。考虑共享单车市场的规模和成本，仅仅和实体企业进行合作，可能并不能完全盈利，这就要求共享单车企业也要积极与线上各大企业进行广告合作。

免费骑行的客户在开锁和关锁时可以得到一些实体商家的优惠券或网购平台购物优惠红包。这些优惠券都是后台基于客户行为数据进行分析，推送离客户距离比较近、客户消费偏好接近的商家（类似于淘宝的猜你喜欢功能）。客户领取优惠券后可以利用共享单车APP里自带的地图导航到相应的实体店进行消费。企业可通过这种后向收费模式利用线上的流量带动线下实体经济的发展。

六　情感营销，传递品牌价值观和理念

虽然共享单车属于工具型产品，工具型产品很难像内容型产品那样从内到外传递产品价值观和理念，但是可以通过外在的营销活动来传达。共享单车基于身份证进行客户认证，企业相当于直接获得了客户的身份属性信息，比如真实姓名、性别、出生日期、出生地、所在地等；再通过鼓励客户多骑车，积累相关行为数据，通过数据分析骑

行轨迹，就可以获得客户的行为属性信息；结合身份属性信息和行为属性信息获得精准的典型客户画像；最后结合客户访谈和问卷调查，核准和验证客户画像，将客户同典型客户画像进行匹配和客户聚类。

有了属性较为一致的客户群，共享单车企业可以较为方便地探知客户真实的心理需求，从而进行针对性的情感营销。情感营销越具有针对性，客户锁定效果就越明显。共享单车企业定好相应的传播理念后，可以举办各类线上线下活动，塑造形象和制造话题引发传播。通过这些活动让客户成为企业的粉丝，使客户与品牌发生"故事"，产生情感上的共鸣，并对品牌产生美好的回忆画面，使客户发自内心地对品牌产生认可。

当我们看到某个品牌的时候，可能很难在短时间内对这个品牌进行准确定义，但是却能很快地想起很多与之相关的画面或事件，尤其是那些自己亲身经历过的活动，大脑也会调动相关的情感。

品牌要学会倾听，倾听使品牌更人性化。与品牌发生故事的客户被锁定的概率较大，客户转移时需要付出的关系型转移成本更大，这类客户最容易达到"看似主动实则被动的客户忠诚状态"。

七 利用历史出行数据锁定客户

（一）累积里程数（建立积分体系）

共享单车企业可以像航空公司累积飞行里程数一样累积单车骑行里程数。这也类似于信用卡的消费积分。累积里程数可以用来兑换礼品或者享受老客户优惠，等等。里程数的累积、免费月卡、充返等活动搭配使用对于客户锁定的效果会更好，一推一拉就能增加单个客户的单车使用总时长。如果在锁定客户过程中客户整体使用体验不错的话，就会由普通客户转变为忠实客户。

(二）记录身体数据（建立健康体系）

有些产品自带记录身体数据的属性，比如手环等健康管理类产品，记录客户每日行为的身体数据，还有印象笔记、随手记等互联网工具类产品。此类客户考虑到这些数据或资料迁移成本比较大，转移倾向降低，除非原来的产品彻底伤了客户的心，否则客户不会轻易切换产品，因而这类产品的老客户对该类产品会更有耐心，更容易接受产品的不完美。

虽然暂时来看，共享单车加入身体数据记录系统不太可行，但是可以作为未来企业运作的一个方向。可以引导客户将骑行作为一项日常健身运动，比如说，通过每日固定时间骑行、每周周末绿色出行等健康绿色户外活动来引导客户，这些活动既能增强客户黏性，又能提高共享单车的流转率，同时也能保证客户转出时的转移成本。

基于转移成本和客户锁定的视角对共享单车市场的研究结果表明，只有不断地提高客户的骑行感受、降低客户的使用成本，才能更好地锁定客户。在"共享经济"的商业模式下，客户规模、客户黏性直接决定了共享经济企业是否能走得更远。

共享经济提高交易效率的首要措施应该是尽快达到供需平衡，其次是简化内部的交易环节，以此来降低损耗，提高盈利。对于共享企业而言，提高产品的流转率是企业提高交易效率的关键。就共享单车企业而言，可以通过以下途径减少客户的流失率：①降低客户交易成本，②提高客户黏性，③培养客户忠诚。如今，共享经济的模式已在深深影响着人们的观念和生活，共享企业要重视如何利用转移成本锁定客户。

第七章　高科技企业客户锁定战略制定

第一节　利用品牌定性定方向,提高客户心理成本

品牌定性是指企业对产品或服务进行设计,突出与其他品牌的差异,从而建立一个与目标市场有关的品牌形象的过程与结果,目的是在消费者的心中占据特殊的位置。客户的消费需求是多样且可变的,一个企业的产品或服务不可能满足整个市场中所有类型的消费者。因此精准的品牌定位才具有一定的竞争优势。品牌定性定方向主要包含两个方面:一方面是指品牌的目标消费者,这些人是品牌所选择的特定人群,这群人具有什么明显的特征,分布在哪里,有什么消费习惯,都是品牌定性需要弄清楚的;另一方面是指该品牌与其他品牌不同的价值所在,也就是与其他品牌的差异性在哪里,差异化价值是否能够让消费者选择这个品牌。因此,利用品牌定性定方向的实质也就是使客户感知到企业的产品或服务以及品牌是为其量身定做的。只有当客户认可企业品牌后,客户才会把对品牌的认可延伸成对该企业所有的产品的认可。通过品牌定性定方向,既可以减少企业的促销费用,又可以降低企业的经营成本,同时也提高了客户的心理成本,降低了客户转移到其他企业的可能性。

一 品牌定性打造客户首选

首先，洞察消费者的需求是一个品牌定位、定性的核心，而打造产品品牌是企业锁定客户的最佳选择之一。企业从"内部思维"出发分析现有产品的功能属性以及在市场上所处的位置，进而深刻地了解目标消费群，洞察他们的个性需求，以客户需求为导向，为产品塑造与众不同的品牌形象，确定品牌定位。事实上，品牌定性也就是企业和消费者沟通的良好工具，打造品牌可以提高高科技企业的关系型转移成本。对于高科技企业而言，品牌定性除了定"个性"，也要定"人性"。

（一）打造品牌"个性"，迎合客户需求

品牌定性是联系品牌形象与目标消费者的无形纽带。经过对企业品牌的整体形象进行个性化的设计，而设计的这个形象能够与目标消费者在心理上和情感上产生共鸣，从而使该品牌形象深入消费者的心中。对企业而言，品牌的个性并不是与生俱来的，而是企业通过一系列营销活动，给产品赋予内在的特殊意义。企业品牌个性与目标客户个性越接近，或者与客户所欣赏的个性越接近，品牌就越容易得到客户的接纳和认可。同时，企业应打造产品独特的品牌核心价值，不仅要关注产品形式，更要关注产品的内涵。因此，企业对品牌进行定性，也是自身由传统"内部思维"转向"外部思维"的表现，只有将产品的核心价值建立起来，才能不断地提高产品的品牌竞争力。企业传统的"内部思维"是指围绕企业及其产品特点尽可能多地吸引客户，"外部思维"则是企业从客户需求特点出发迎合客户，打造客户喜欢的品牌个性。通过对品牌定性，企业一方面可以为产品创造感知价值，提高客户品牌忠诚度以增强客户对企业产品的关系型成本，较高的品牌忠诚一般伴随着较高的转移成本；另一方面，品牌定性可以帮助企

业摆脱同质化产品竞争，避免了激烈的市场竞争。

（二）打造品牌"人性"，优化产品形象

高科技企业可以通过打造"人性化"品牌，提高产品或服务的隐性吸引力。"人性化"品牌运营策略在一定程度上，可以提高客户转出时人际关系损失成本。高科技产品的产品价值可分为两部分，一部分是产品的实用功能价值，另一部分是产品的情感价值。说明高科技产品对于客户的吸引力也体现在两个方面，一是体现在产品实用功能性上，要求高科技企业不断提高技术创新能力，在技术层面锁定客户；二是体现在产品的感知价值上，企业应高度重视产品与客户之间的品牌情感建设，通过与客户发生"故事"的方式，引起客户的"共鸣"，提高对产品的感知价值，使客户更认同品牌。"人性化"品牌运营策略不仅有利于提升客户关系，还可以提高客户转出时的心理成本，降低客户流失率。以高科技产品中工具性的产品为例，工具类产品有三个最显著的特点：效率、智能、个性化。围绕工具型产品三大特点，在运营工具型品牌时，可以通过客户分享使用故事的方式影响客户，类似于在立体的使用场景里宣传工具型产品，立体使用场景的情境代入感更强，客户的感受更直观，有利于贴近客户，并且在一定程度上向客户介绍使用方法。"故事+分享"的品牌宣传模式拉近了客户与企业间的距离。

近年来，继加多宝推出的"对不起"主题文案获得空前成功后，越来越多的企业开始在广告中植入情感类影响因素。这类广告往往赋予品牌"人性化"的特点，在广告中改变以前重点宣传产品功能特点的做法，取而代之的是通过"讲故事"来描述产品或服务的使用情景，传递产品的价值观，使客户在与品牌接触的过程中，感觉更像是在与活生生的"人"接触。这类"讲故事"的广告，在可读性、画面感、说服力、感染力、传播力等方面的宣传效果都比传统广告效果更好。

企业根据客户购买产品和服务的动机不同，可以把客户的购买动机分为理性购买和感性购买。实际生活中，由于存在信息不对称和客户眼光的局限性，客户很难完全脱离感性因素的影响，做出纯理性购买决策。因此，品牌通过定性定方向去迎合客户，打造更加"人性化"的品牌服务，可以创造更高的客户关系利益型成本，加大客户被企业锁定的程度。

二　品牌延伸合理扩大品牌宽度

品牌定位是指企业挖掘客户需求和对客户进行细分的过程，它是品牌战略的一个关键构成部分，是设计、塑造、发展乃至确定品牌形象的核心和关键，同时也是企业与消费者沟通的工具，是联系产品和客户的一种情感关系纽带。高科技企业不同于其他企业，高科技企业比一般企业更特殊更复杂。高科技企业向市场投放的新产品，一般可分为两类：一类是市场已有品牌的延伸产品，这类产品在投放市场之初，就已有一定数量忠诚于该品牌的客户，通常客户对该类产品的接纳和认可程度也比较高；另一类投放到市场的产品是没有母品牌（企业品牌）的全新产品，客户对于该类产品比较陌生，通常在购买时更为犹豫，购买意愿较低。

高科技企业在采用品牌延伸策略时，会涉及原有品牌定位的变化。所以高科技企业采用品牌延伸策略时需要具体问题具体分析，切忌盲目跟风。高科技企业是否使用品牌延伸策略，可以考虑以下几点。

（一）与母品牌的相似度

母品牌即企业品牌，是指以企业名称为品牌名称，确定的是其专属领域的位置，以便客户形成清晰的认知。而子品牌即产品品牌，一方面是指产品的名称、标记、符号、设计等方面的组合体，另一方面也代表着有关产品的一系列附加值，主要包括功能和心理这两方面的利益点。母品牌决定和指导整个企业业务的经营战略，统领和助力子品牌的发展与建设，将企业资源传递到每一个子品牌，为子品牌的发展提供保障。而各类子品牌也承载着向企业品牌输送品牌资产的责任，反哺母品牌，最终形成企业无形的资产积累，推动整个企业的不断发展。在品牌众多的消费市场上，客户更倾向于购买市场上已经存在母品牌的延伸产品。高科技产品的特殊性又使得这种现象表现得更为明显。高科技产品的特殊性体现在高科技产品对产品兼容性要求更高、产品的学习成本更大两个方面。客户初次使用高科技产品往往需要耗费较多时间、精力，购买者需要付出较大的初始学习成本，因此客户在初次面临选择时，一般会从以下两个方面考虑，一是衡量延伸产品与母品牌产品种类相似程度，通常产品种类越相似，客户购买延伸产品的倾向就越大，因为此时客户需要再次投入的学习培训成本较少；二是衡量品牌形象的相似程度，品牌形象是公众对企业或企业产品在市场上的评价，企业通过提升品牌形象，一方面可以提高产品档次，促进新客户产生购买欲望；另一方面提高客户对企业心理成本和关系型利益成本，提高企业锁定老客户的成功率。

（二）购买延伸产品的经验

客户是否存在成功购买品牌延伸产品的经历，会影响客户对母品牌的感知。客户在初次使用企业产品时，会形成对企业品牌形象的初步认知。良好的客户体验在一定程度上增加了客户购买和使用延伸产品的欲望；糟糕的客户体验在一定程度上降低了客户继续购买延伸产品的倾向。如果客户在同一母品牌下有多次成功购买延伸产品的经历，那么客户就更容易形成惯性购买，从而被品牌"锁定"，成为母品牌及其延伸品牌的忠诚客户。多次成功购买的经验不但会加强客户对于母品牌的质量感知，还会加强客户对于母品牌的信赖程度；信赖程度越深，客户转移到其他产品供应商时的心理成本就越大，转移倾向就越低。

三 打造品牌效应，提高消费者产品感知质量

消费者对商品质量的判断往往是依靠自己对产品的使用目的和需求程度，综合分析从外界得到的各种相关信息，对一种产品所做的抽象的主观评价，因此，只有当消费者感知的产品质量达到自己的心理预期时，才会做出实际购买行为。所以，高科技企业需要保证商品本身的质量，让消费者感受到物有所值。打造高科技企业品牌效应，增强消费者对品牌的认同感是提高消费者产品感知质量水平的一个重要方式。客户购买商品不可能都经过尝试后再购买，主要依品牌效应而购买。一个企业如果形成了品牌，消费者本身也对其认同度高，从外界收集到的也都是正面评价，产品感知的质量水平就会提高，即便消费者未曾使用，也会购买。要打造品牌效应，一方面，当然是必须保障产品本身的质量；另一方面，通过电视、网络、报纸、杂志等媒介加大网站品牌宣传的力度。

第二节 培养技术锁定能力，提高客户转移成本

技术水平直接关系着企业的生死存亡，高科技企业对技术要求更高，为客户提供高质量、高性能的产品是锁定客户的关键。和传统产品比较而言，高科技企业产品或服务具有的"高科技"属性，要求企业优先走技术密集型产业道路，提高产品或服务的技术含量，形成技术锁定。技术锁定是在先进技术基础上全面提高生产设备和工艺水平，提高高科技产品技术水平，在一定程度上增加了客户学习成本，技术锁定对高科技企业实施客户锁定策略效果尤为明显。

一 提高技术含量,走技术密集型产业道路

高科技企业,顾名思义是以从事高科技产品的研发、生产和技术服务为主的企业,科学技术是高科技企业的核心竞争力。企业提高技术优势,首先应该建立适合自身发展的技术创新战略,不断提升技术创新水平,加大科技投入力度,为企业技术创新提供资金支持,率先引进国内外先进技术,完善企业的研发中心。充分利用国家有利于技术创新和引进的宏观政策,为企业技术创新提供宽松的宏观环境。在生产过程中,严把质量关,各个环节责任到人,确保产出高质量的产品。企业还应该实时关注市场动态,充分接触客户,及时了解市场需求和行业动向。任何成功经营的高科技企业都离不开以市场需求为导向的技术创新,企业在进行技术创新时,要及时把握市场机遇,开发适合市场客户现有需求或潜在需求的高科技产品。高效的资源配置是高科技企业成功经营的关键,高效的资源配置更离不开核心技术发展与创新。高科技产品和传统产品不同,客户对传统产品较为熟悉,往往知道自己想要什么,而客户对于高科技产品较为陌生,只有当产品面市后,才能对产品功能特点形成一定的认知了解。因此,高科技企业只有正确把握高科技产品的客户需求,改造创新现有技术才能更好地满足市场需求。

研究表明,R&D 经费投入与产品技术含量呈正相关关系。追加 R&D 经费投入已成为企业提高产品技术含量的重要手段之一。R&D 经费不仅来源于企业,还可以来源于地方政府设置的一系列优惠政策,如设置 R&D 经费专项经济吸引高新技术企业落户,带动地方经济发展。

近年来,各大企业纷纷利用"技术锁定"战略提高其市场份额,越来越多的企业开始认识到"技术锁定"的重要性,企业可以通过技

术创新、设备创新、观念创新等提高企业产品或服务的技术含量。提高产品的技术含量有利于企业走技术密集型产业化道路，技术含量较高的高科技产品一方面可以提高客户的学习成本，当客户更换供应商时，因产生更多的沉没成本而被迫选择"留下"，提高已有客户被锁定程度；另一方面，技术含量较高的高科技产品拥有较好的产品形象，有利于提高产品在国内外市场的竞争力。

二　取得突破性技术创新，建立新的技术标准

突破性技术创新所产生的高科技产品或服务，可以部分甚至完全替代已经取得锁定地位的高科技产品或服务，在更高层次上满足消费者需求，从而打破原有的锁定局面，获得与原锁定者平起平坐的机会。由于高科技企业面对的市场瞬息万变，高科技产品和服务的生命周期大为缩短，任何拥有具有前瞻性和创新性的新型技术产业只要满足了市场的要求以及消费者的需求，都会进入市场与原有的企业进行竞争，甚至是占领原有的企业产品地位，建立新的技术标准。

三　引进优秀人才，提高高科技企业创新驱动力

高科技产业不仅是技术密集型产业，而且也是知识密集型产业，主要表现为高科技企业的技术人员必须是有一定知识背景，并且拥有较强工作能力的知识分子，因此要提高高科技企业技术创新能力就必须引进高科技领域的优秀人才，高科技企业通过引进优秀人才，提高企业的创新驱动能力，就能对企业发展起到推进作用。高科技企业提高人力资本有以下几个途径。

（一）提高员工福利待遇，增强对人才的吸引力

高科技企业在制定福利政策待遇吸引人才时，不仅要解决他们眼

前的问题，还需要解决他们未来生活可能遇到的一些问题。比如高科技人才的子女上学问题、配偶就业问题、父母养老问题等。确保引进工作的制度化、规范化、透明化，确定人才考核机制和工作范围，提高人才工资津贴水平，加大研发成果的奖励程度，减缓高科技人才生活压力，提高企业科研经费，鼓励人才去发挥才能，进行技术创新，高科技企业不仅要引进人才，更要留住人才，实现人才引进的可持续，人才流失率过高会导致企业人力资本回报率不理想，从而不利于高科技企业的经营。

（二）培育高科技人才创新能力

高科技人才是高科技企业技术创新的主要驱动因素，而"技术锁定"在客户锁定类型中锁定效果最佳。只有不断提高高科技人才的科研创新能力，才能提高产品的科技含量，增加市场现有客户被锁定的程度，提高其他企业进入市场的壁垒，增加潜在竞争者进入市场的难度，依靠"技术创新"才能保持市场的竞争优势。科研项目是培育高科技人才创新能力的有效平台，高科技人员可以通过科研项目成果进行资源共享和科研探索，提高自己的知识储备，为他人进行相关科研探索提供技术资源支持。

（三）校企合作机制可以提高规模效应

高科技产品具有技术含量较高、设计领域宽广、种类范围多和使用难度大等特点。高科技企业通过和学校及科研机构确立合作关系，在企业资金优势的基础上利用学校和科研机构人才优势，有目的地培养高科技人才和提高企业技术创新的先发优势。校企合作机制一是能够提高人才培养结果的客观性、真实性，使高科技人才在校期间，将所学知识和实践相结合，在一定程度上消除了高校与企业之间人才培养的"断层问题"，缓解了传统职业教育在动手、专业实践、创业、创新能力培养上的缺失，符合我国人才强国战略。二是能为企业输送更为对口的专业人才，降低了企业后期对人才培养成本的支出。

第三节　多元营销培育客户忠诚，
　　　　提高关系型转移成本

客户忠诚在客户的消费行为中表现为客户对某企业、品牌、产品的认可程度，客户对企业的忠诚体现在消费行为的任何阶段。在做出购买决策前，客户搜索产品的先后顺序；在做出购买决策时，客户购买产品的倾向大小；在做出购买决策后，客户更换供应商意愿高低，等等，都受忠诚与否的影响。客户越是发自内心认同企业产品，选择更换供应商的可能性就越低，企业对于客户的锁定程度也就越高。

要正确发挥转移成本对客户忠诚的调节作用，就必须注重满意度评估。一方面因为转移成本越高，满意度对忠诚的影响就会减弱，所以当企业评估出自身的满意度很低，客户却没有明显流失时，应该察觉到企业当前保持较好的销售额并不是因为消费者的积极主动的意愿，而很可能是因为转移成本的存在降低了低满意度的负效应，而转移成本毕竟是一种使消费者被动忠诚的转移障碍，此时企业注重提高满意度，这才是长久维持客户忠诚的有效途径；另一方面，当评估满意度水平高时，可以加大对转移成本的投入力度，因为满意度本身提高了忠诚，加大转移成本的投入更可大幅度提高消费者的忠诚度。因此，高科技企业应定期开展消费者的满意度评估调查，以了解消费者当前对电子商务网站的态度，从而适时调整营销策略。

针对不同客户的购买习惯和购买频率，可以把客户分成四类：不忠诚客户、虚假忠诚客户、潜在忠诚客户和忠诚客户。企业应该根据客户对企业忠诚度的不同，采用不同的营销策略，以更好地锁定客户。

一　提高不忠诚客户试用率和再购率

不忠诚客户又可以根据不忠诚的对象分为两类，一类是对本企业不忠诚但是忠诚于其他企业的客户，另一类是对所有企业都不忠诚的客户。

对本企业不忠诚但忠诚于其他企业的客户，因为长时间与本企业产品或服务无业务往来，对本企业产品不了解，对转移到本企业的意愿也很低。造成这种现象的原因是这类客户已经被其他企业锁定，这类已经被锁定的客户与其他企业存在一定的关系型利益成本，所以不轻易发生转移。针对这种类型的客户企业可以采用针对新客户优惠的营销策略，降低该类客户试用成本，以提高客户试用率，然后再利用高品质的科技产品和高满意度的服务态度去提高客户的再购率。

对所有企业都不忠诚的客户，当企业接触到此类客户时企业可以采用会员制、积分制等方式，以加大客户转移到其他企业的关系型损失成本，提高客户黏性。

二　提高虚假忠诚客户利益损失成本

虚假忠诚客户购买行为受外界因素影响大，如购买的方便性、优惠政策等因素都能在一定程度上影响虚假忠诚客户的购买。企业在提供产品和服务的同时，需以更优惠的条件吸引这类客户，他们的购买决策最容易受到利益驱使发生改变，如常见的办理会员卡享受会员折扣、特殊节日买赠活动、限时抢购活动等。企业针对此类客户群体可使用"积分锁定"类高频率营销策略，在一定程度上降低客户转移到其他供应商的可能性。

三　提高潜在忠诚客户心理损失成本

潜在忠诚客户虽尚未被企业锁定，但是这类客户被锁定成功的可能性较大。潜在忠诚客户是企业经营争取的重要目标。针对潜在忠诚客户，企业经营的关键在于提高这类客户的初购率，也就是降低这类客户的进入成本，使企业有锁定这类客户的可能，提高心理成本，从而提高客户重复购买率，以达到客户锁定的效果。可以通过以下三个途径提高潜在忠诚客户心理损失成本，一是企业通过提高宣传力度来树立良好的企业形象，提高客户心理成本；二是企业通过向客户植入强有力的情感因素，提高客户转移时的关系损失成本；三是企业通过提高产品或服务的质量来提高客户转移时的利益损失成本。

四　提高忠诚客户转移成本

忠诚客户是企业稳定收益的重要来源，高科技企业应及时与这类客户保持沟通，注重客户反馈意见，提高产品质量，不断提高客户对产品的满意度。针对忠诚客户，目前市场上使用较多的是会员制管理策略。会员制管理策略表现形式丰富，如积分优惠、特权优惠等，积分优惠如支付宝蚂蚁会员积分可用于线下商品优惠或线上互联网工具类产品会员权益兑换；特权优惠如支付宝芝麻信用可享受免押金骑行和信用入住。会员制策略增强了线上客户对企业的归属感，提高客户心理成本，降低客户的转移倾向。对线下客户而言，会员制策略使客户黏性增加，店员对客户消费购买习惯较为了解，同等情况下，客户对该店的产品或服务较为熟悉，购买失误风险较低，购买倾向较大。

对于理性客户，转移成本的高低是决定其是否转移的关键，只有当转移成本小于转移收益时,才会发生转移。科学技术日新月异,产品差异逐步缩小,通过培育客户忠诚来提高客户心理成本切实可行。高科技产品技术含量较高,因此客户对于高科技产品学习和培训成本较大,若客户中途转换产品,会产生较高的沉没成本,这也在一定程度上解释了为什么高科技产品客户更容易发生由转移不经济而面临的被迫锁定。高科技企业可以通过提高产品品质或提供差异化产品,来构建客户沉没成本,以提高客户忠诚度。在网络经济背景下,沉没成本较大的产品容易形成行业的产品标准。企业通过提高现有客户转出成本,使得其在做出购买决策时更倾向于留在原供应商企业,提高客户对现有企业的忠诚;企业还可以通过降低其他企业客户转入成本,来提高其他企业客户的转入倾向。

第四节 利用企业文化进行情感锁定

企业文化就是在一定的社会经济条件下通过社会实践所形成的并成为全体成员遵循的共同意识、价值观念、职业道德、行为规范和准则的总和。企业文化对企业经营起着关键性作用,是企业形成良好氛围的灵魂,只有良好的企业文化才能产生凝聚力和竞争力。高科技市场竞争是残酷的,脱离了企业文化的支撑,企业很难立足于市场,更别谈实现企业可持续经营。企业文化必须"以人为本",企业发展的根基是人,建立优秀的企业文化,其实就是调动员工的工作积极性和主动性的过程。对于高科技企业而言,技术锁定是"硬实力",企业文化锁定则是"软实力",只有将"硬实力"和"软实力"进行结合,才能稳固企业的竞争优势。

在经历了生产导向、销售导向、市场导向之后,市场营销进入了客户导向阶段。所谓客户导向,最简单的理解就是"把满足客户需求作为一切工作展开的目标和中心"。传统高科技企业的经营理念更是围绕客户特点重点分析客户是谁、客户规模、客户特点及客户理念等，而以企业文化为依托的现代高科技企业的经营理念则是告诉客户，企业是谁、企业特点以及企业的价值观。企业文化在一定程度上使客户通过认可企业文化而认可企业的产品，从而被企业锁定，成为企业的忠诚客户。

一 企业文化在不同产品生命周期中的建设途径

高科技企业文化在不同产品生命周期中发挥着不同的作用。在产品导入期，企业文化作用尤为重要，导入期产品市场认可度低，经营难度较大，此时企业文化鼓励员工迎难而上，越挫越勇；在成长期，产品认可度和销量有了一定增加，成本降低，经营利润上升，经营状况好转，此时企业文化鼓励员工戒骄戒躁，再接再厉，不断提高产品质量、提高客户锁定程度；在成熟期，经营状况稳定，此时企业文化鼓励员工不懈努力，勇于探索，进一步发现客户的潜在需求，引导客户下次购买；在产品衰退期，原有客户大量流失，此时企业文化鼓励员工不怕失败，从头再来，开发新产品，以维持企业经营。

二 从理念、行为、品牌三个方面提高客户转移心理成本

高科技企业文化主要体现在理念、行为、品牌三个方面。企业文化在理念上表现为企业的经营观念，属于企业思想意识的范畴，也是企业的经营思想；行为上表现为企业经营制度、流程、规范等；品牌上表现为企业通过一系列的经营活动为客户树立的企业形象。企业文化理念就是在继承和发扬中华文化的基础上，重视集体合作精神和培育和谐相处的人际关系，充分调动员工工作的积极性。首先，让每一位企业员工遇到问题时拥有相同的判断标准；其次，是

让每个员工都能明确企业使命，企业使命是企业经营的动机，优秀的企业使命绝不是单纯地为了赚取商业利润，而是企业有不可替代的存在意义；最后，企业文化理念向客户表达了企业发展的愿景即企业发展的蓝图。

企业员工的行为受两个层面的约束，一是受企业的规章制度的监督；二是受企业精神的引领，良好的企业精神可以提高企业团队的精神面貌和企业形象，良好的精神面貌可以提高员工的工作效率和企业市场竞争力，良好的企业形象可以提高客户转移到其他供应商的心理成本。

第五节　利用网络外部性锁定市场

高科技产品的兼容性要求比一般传统产品要高，产品兼容特性可分为系统性、规模性和特殊性。系统性是指高科技产品的硬件和软件的匹配性要求较高，只有满足相应的技术要求才能实现产品价值，不同系统的产品一起使用时无法实现任何产品价值。高科技产品的规模性不仅体现在产品总价值随着客户规模的增加而不断增大，而且每个客户从产品中得到的产品价值，也随着客户规模增加而增加。规模性在高科技企业竞争中表现为强者更强、弱者更弱。特殊性体现在高科技产品对技术的要求上，高科技企业可以通过技术领先，打造行业优势地位，通过技术创新来满足客户无法被其他企业满足的需求，以形成技术锁定优势，从而迅速扩大客户规模和提高对客户的吸引力。

一　深度挖掘消费者需求，实行差异化竞争

现如今由于互联网经济的迅速发展、电子商务以及跨境电商的流

行，使市场上商品同质化现象十分严重，而后果只能是各商家大打价格战，最后大家都无法盈利。只有从产品端着手，在丰富产品品类的基础上，以特色产品为核心走差异化道路，深度挖掘消费者需求，进行更有针对性的选品，才能突出特色，找准自身市场定位，逐步向垂直领域精耕细作，抢占市场，避免和其他各电商巨头的正面冲突。

二　分析潜在需求，影响客户做出购买决策

高科技产品的特殊性使得客户对于高科技产品的敏感性较强，但由于对产品信息掌握不充分、对产品缺乏相关概念而无法做出正确的购买决策。正如乔布斯所说，"客户根本不知道自己要什么，直到我们拿出自己的产品，他们才发现，这是我要的东西"。这句话虽然不是完全适用于所有企业，但对于高科技企业而言是经得起考验的。网络经济背景下，高科技产品快速更迭，客户大多时候处于被动地位，因此企业可以通过改变客户对于产品功能的预期，从而影响客户的潜在需求。企业可以通过与其他产业融合或与其他企业合作，扩大规模效应或者提高技术领先优势。

（1）吸引高转移成本的客户。率先获取转移成本高的客户是非常有价值的。企业应该对客户的消费和需求进行分析，对其转移成本进行深度研究，甄别出转移成本高的客户作为首选目标。加大本企业的各种优惠政策和补贴力度，以增加客户的转移成本、吸引市场的其他客户进而锁定。

（2）提高有影响力客户的转移成本。向有影响力的客户提供特别优惠和折扣，提高他们的转移成本。当卖方决定向有影响力的客户进行投资时，很重要的一点是对这种投资可能产生的利益进行定量分析。对客户的投资收益不仅要考虑从客户本身得到的回报，还要考虑客户的影响力导致其他客户购买行为而得到的回报。

（3）在产品中增加独特性和增值服务。卖方可以在产品的设计中强化产品的独特性，以增加客户的转移成本。卖方还可以通过向买方提供增值服务，来增加客户转移成本，锁定客户。例如，在药品批发业中，药商向大客户提供详细的报告服务、自动化配货系统和各种咨询服务，以强化与客户的关系。

（4）促销计划。通过促销计划提高客户转移成本的方法有：产品试用、产品使用培训、提供增量购买优惠。首先，通过发放免费样品或者免费试用产品，让客户在使用产品的过程中感受和体验产品，从而培养产品使用习惯和发展品牌偏好，降低客户进一步搜索其他品牌的边际收益。其次，通过对产品使用进行培训，使客户掌握产品的使用方法，提高客户对产品的依赖程度。再次，向已经购买过产品的客户提供增量购买优惠，可以增加客户转移成本。最后，设置合理的、多元化的利益优惠和积分累计规则，也能很好地进行商品促销。客户的购买行为一旦发生，企业的各销售平台会根据购买金额产生相应的积分，并且随着购买行为的不断增加，这种积分和优惠会越来越多，这样客户如果想要离开，这些利益就会成为阻碍。但是，为避免各商业平台的优惠政策的雷同性，应设置有特色和鲜明的优惠措施。一是在设置优惠规则时，重点应放在留住老客户上，对于吸引新客户的优惠幅度，不适合太大，且要以不会让老客户产生负面情绪为前提，以防新的优惠方案吸引的是对价格敏感、价值相对低的客户，且让老客户产生不公平感。以此形成不同级别的会员等级，使老客户和新客户即使购买相当商品所获得的优惠也是不相同的，这样不仅提高了作为老客户的优越感，又使新客户迫切地想成为老客户，从而提升客户的忠诚度。二是应设置多元化的获取利益优惠和积分的方式，如将已购买的商品"转发朋友圈""参与网站社区的互动""回答其他消费者问题""上传搭配图片""与返利导购网站合作"，等等。

三 加快产业融合和企业合作，快速形成网络正效应

随着互联网的迅速普及，传统产品在产品结构、经营方式、产业分界上逐渐模糊。高科技产品与其他传统产品一样，在产品处于衰退期快要退出市场时，通过与其他产业融合，谋求新发展或通过与其他企业合作来获取最后的利润或争取开拓新市场。高科技企业可以通过产业融合和企业合作，共享客户资源和市场网络。高科技网络市场外部性体现在高科技产品呈现规模报酬递增的规律，这是网络市场外部性的直接体现，高科技产品的间接外部性，在互补产品上体现得尤为明显，互补产品产生的先后、生产种类、质量好坏都在一定程度上影响客户做出对高科技产品的购买决策。一般而言，客户更倾向于选择配套互补产品更为齐全的产品，这类产品的客户转移成本较大。同等情况下，客户转移到其他供应商会失去互补产品使用权，造成一定程度的损失，因此这类产品的客户锁定程度更高，产品的网络正效应更大。

四 通过市场定价快速锁定市场

在具有网络外部性的高科技市场中，企业间的竞争常常采用价格竞争策略。高科技企业以低价或免费的姿态进入市场，降低客户使用产品的进入成本。由于高科技产品开始进入市场时，市场上的客户对产品功能不熟悉，以及高科技产品在初次试用时，往往需要投入一定学习成本，所以在高科技产品的成长期，客户对产品的购买意愿较低，此时企业通过降低价格，可以提高市场客户试用率。之后通过提高产品质量留住客户，降低客户流失率。

五 扩大客户规模

从网络外部性的角度来看，企业应该努力扩大客户规模，因为客户规模的差异会导致网络外部性的差异，从而导致网络产品市场份额的差异，因此企业首先应该对产品加大宣传力度，提升品牌形象，广而告之，同时适当降低客户试用成本，为客户提供个性化的服务和创造完美的网络产品品牌体验，从而在产品试用阶段使客户对产品产生好感，增加客户选择本产品的概率。当客户规模达到临界容量时，便会引发正反馈，网络外部性会越来越强，为客户带来的价值也会越来越大，从而形成一个良性循环，形成客户锁定。

第六节 利用大数据，精准锁定客户降低企业经营成本

互联网打破了常规时间和空间的界限，导致客户转移成本中信息搜索成本下降。如今，网络信息爆炸在一定程度上改变了人们的生活方式，挤占了客户大量的有效资源。客户如何从海量信息中获得自己想要的资源，成为困扰客户的难题之一。如何在激烈的市场竞争中快速抓住客户"眼球"也成为困扰企业的问题之一。

每天都有大量广告植入客户生活的方方面面，全覆盖投放的广告造成企业资源浪费的同时也可能引起客户的反感，企业可以通过精准的客户定位，减少客户收到垃圾广告的频率，精准的客户定位既降低企业成本又提高广告效果。

一　利用大数据，精准锁定客户

高科技企业进行客户精准定位的路径有很多，除了传统的市场细分外，在网络经济背景下，高科技企业结合大数据对客户进行画像描述已经成为趋势。

（一）精准的客户画像

营销的精准锁定主要依靠对客户行为进行深入的分析和挖掘，把握客户的兴趣偏好和个性化的需求，从而有针对性地进行营销活动。精准锁定在一定程度上可以看作是通过对市场上的客户类型进行细分，分析每一类型客户独特的消费诉求、特殊的消费偏好，再根据客户需求特点及变化，不断地调整企业的经营策略，以更好地满足客户需求的一种过程。高科技企业通过将大量数据、客户资源、企业资源进行整合，可以实现大数据的共享。高科技企业通过后台智能分析，向客户推荐符合客户消费偏好的信息，从而实现与客户的精准对接。

（二）客户行为数据分析

客户行为数据多种多样，比如说线上客户的行为数据一般包括注册、登录、浏览、点击、收藏、交易、搜索、评价等。客户的行为数据分析必须从多个维度出发，除了对客户的年龄、性别、地域等基础信息的分析之外，还需要从客户偏好的产品类别、品牌、产品风格等方面进行深入的行为数据挖掘。

针对客户行为的分析方法一般是采用客户聚类法（把一组个体按照相似性归类），同时也会采用一些科学预测法，利用客户过去消费行为预测未来客户消费行为走向。通过客户画像精准锁定客户的行为，能有效地提高推送广告的成功率。客户画像不仅有利于提高客户黏性，还能为管理者制定"锁定策略"提供科学依据。

（三）多渠道合作的模式

跨界合作、异业合作、跨境合作能提高市场扩展的效率，同时降低客户和企业的成本。在新的产品形态下，流量圈社群（基于"互联网+"社群而创建，利用大数据将海量的媒体资源、商务资源以及客户资源进行汇聚的社群）从客户使用的终端布局、高科技企业的官网、微信公众号、微信 H5 页面多管齐下，利用人工智能大数据改变传统的人工销售战术和粗颗粒商务合作方式，为企业提供商机。多渠道合作的模式可以使企业通过搭其他企业"便车"的形式，增加曝光率、提高客户的信赖程度。高科技企业通过与其他企业合作，降低客户搜索成本和客户交易成本。通过借助其他企业的品牌影响力，提高客户的心理成本和关系型转移成本。

二 利用锁定避开竞争，维持稳定交易关系

精准锁定就是在精准的时间内把精准的内容精准地投送给客户。精准锁定可以通过分析客户的行为数据，判断客户处在哪一个营销阶段，再结合不同阶段的客户特点推送不同的内容，提高企业内部的工作效率，降低企业成本，提高市场竞争力。

（一）形成稳定交易关系

对客户行为数据进行精准的分析，可以快速定位客户感兴趣和不感兴趣的需求，有利于企业与客户建立或维持长期稳定的贸易关系。客户也可以通过被高科技企业"精准锁定"，提高对产品的满意度。当企业通过精准的客户画像进行市场经营时，客户对搜索信息的成本和处理信息的成本下降，此时客户对于企业推送的产品的接纳度、认可度上升，企业能够更清楚地知道客户需要产品的种类和消费习惯。客户的精准定位有利于企业与客户形成稳定排他的交易关系，为企业争取稳定的客户群。

（二）避开激烈的市场竞争

精准的客户定位提高了其他竞争对手企业接触客户的难度。已被现有企业精准定位的客户，转移到其他企业的倾向会降低，此时客户需求能很好地被现有企业满足，客户不再需要花额外成本去搜索其他企业产品信息，使客户养成了长期自觉的消费习惯，形成对购买路径的依赖，从而在一定程度上被企业"锁定"。

第七节 强调企业社会责任，实现锁定的可持续

过度的锁定会产生一定程度的负面影响，如容易形成垄断，提高市场上其他高科技企业进入市场的壁垒，从而限制了客户的选择。这种操作容易造成商家在实际的经营中使用偏激的"客户锁定"策略。偏激的"客户锁定"策略是指商家处于对短期自身利益的追逐，忽略对客户长期利益的维护，从而导致企业最终失去自己的利益。

一 锁定既要符合客户真实需求，又要符合企业特点及方向

客户锁定策略是指企业通过分析客户真实需求后，结合企业自身特点和未来发展方向，做出维持与客户长期稳定交易关系的经营策略。客户锁定的目的不仅仅是实现企业盈利，还可以实现企业和客户双方的互惠互利，即客户能从企业提供的产品或服务中获得满足，企业能在满足客户需求的基础上获得利润。

二 违背社会道德的锁定势必"不经济"

企业应该多花一些精力去了解影响客户购物的因素，对客户的反

应进行研究，给出切实可行的标准程序去解决问题，而不是去遮掩问题，蒙蔽客户。在实际生活中，有一些高科技企业为了获得更多的利益进行恶意的捆绑销售，这可能会带来一时的利益，但是长久而言必定是"不经济"的。获得利润固然是企业经营目的之一，但这并不意味着企业要违背社会道德。也只有基于社会责任感的客户锁定策略才可能真正锁定客户，形成良好的客户关系，提高客户关系型转移成本。

三 企业发展要承担社会责任

发展是人类社会永恒的主题，唯有发展，才能不断推动社会进步。中国近些年持续快速的发展，在世界范围来看，可以称为一个奇迹。中国在发展的过程中，更是形成了一套独具特色的关于发展的理念，解决了"发展是为了谁"（以人民为中心），发展向谁要动力（创新），怎样正确处理发展中的重大关系（协调），如何处理与环境的关系（绿色），如何顺应世界发展大势（开放）等问题。也正因为有了正确的理念作指导，中国才能持续健康地发展。

在 2014 年两院院士大会上，习近平总书记说："近代史上，我国落后挨打的根子之一，就是科学技术落后。"放眼当下，随着新一轮科学技术革命和产业变革拉开帷幕，中国果断地选择抓住这稍纵即逝的机遇，把创新作为引领科技发展的第一动力。然而，马克思的辩证法中矛盾的普遍性原则决定了创新的两面性，矛盾的主要方面是创新为企业注入的生机与活力，与之并存的次要方面是其为社会带来的"创新型"负面影响。企业要长久发展，其根本是要想民之所想，急民之所急，将社会效益与经济效益放在同等重要的位置，担负起国家发展的历史责任。

创新驱动与企业的社会责任既对立又统一，碍于社会责任的限制，企业有时无法完全施展拳脚，这是无法避免的。但从这一对矛盾体的统一性来看，创新与社会责任又是相互依赖的。从定义上来看，企业是以营利为目的而从事生产经营活动，向社会提供商品或服务的组织。也就是说，企业服务的对象是社会，故只有承担一定的社会责任，得到社会的认可，才能长久地发展下去。从实践上来看，企业无论是创新体制机制、管理模式，还是创新生产技术、研发方向，都离不开社会的需求与支持，脱离社会的企业将无法进步，从而被时间所淘汰。社会责任有时可以为企业的发展指引方向，反映人民群众的普遍需求。同时，社会也离不开企业，企业是市场经济活动的主要参加者，是国民经济的细胞。

存仁心，守法令。企业创新要以道德为保障，以法律为底线。现在，不少打着创新旗号恶意锁定甚至欺骗客户的现象频频发生。例如，在计算机算法的引领下，"私人订制"的消息推送模式红极一时，借助大数据为客户推送其感兴趣的内容本无可厚非，但层出不穷的"标题党"与"垃圾信息"却无时无刻不困扰着广大人民群众。利用人性中的阴暗面来传播低俗文化的现象甚至延伸到了未成年人群当中。一时间，靠着技术"搬运"而赚得盆满钵满的企业引来众多创业者的模仿。在中国，大多数企业享受着太平盛世里国家提供的优厚待遇，与此同时，企业也应该承担起相应的社会责任，将社会责任放在第一位。不断打着法律的擦边球或直接超出底线的做法无疑会受到市场的惩罚甚至法律的制裁。存仁心，守法令，是为人民提供一个安心放心的社会环境，也是为企业自身营造一个更加公平公正、和谐向上的市场环境。

晓民情，得民心。创新为民则有利，从历史发展的角度来看，企业想要走得长远，必须依赖人民。创新驱动下的企业只有以五大发展理念（创新、协调、绿色、开放、共享）为导向，以人为本，利用企业独特的创新优势，制定合理的发展战略，树立良好的企业形象，承担起应有的社会责任，才能赢得民心，赢得民心才能赢得市场，赢得市场才能不昙花一现，为人民群众创建绿色、协调、共享、开放的社会环境。共享经济的迅速发展就是极好的证明，共享单车在短短几个月内收获世界人民的认可，共享充电宝解决了新时代的"手机温饱"问题，共享纸巾的推出更是为人民日常生活避免了许多尴尬。这些共享型企业的创新设计，无一不是围绕着人民生活难点做文章。"桃李不言，下自成蹊。"人民的满意是最好的宣传，创新研发必须时时刻刻紧紧围绕人民日益增长的物质与精神需求。实业如此，互联网企业的创新也是如此，作为文化传播的新途径，传播人民大众喜闻乐见的优秀文化是互联网企业义不容辞的责任，决不可为了少数人的低级趣味而放弃最广大的人民群众。服务人民，方便人民，满足人民，在大众创业、万众创新的社会中，赢得人民点赞的企业才能将企业本身的创新优势最大限度地发挥出来。

先其忧，后其乐。企业想要持续发展，除了要满足人民群众眼前的需求，更要为实现人民群众对未来生活的美好向往而努力，"先天下之忧而忧"，在人民忧虑之前解除隐患。近些年飞速发展的移动支付便是如此。在人民满足于纸币的便捷之时，移动支付却为人们提供着新的可能，引导着又一次的货币变革。因为承担起了让人民生活更便捷、实惠的社会责任，移动支付在短时间内举世瞩目。习近平总书记说："一个民族，一个国家，不能总是用别人的昨天来装扮自己的明天。"企业的创新驱动只有植根于国家富强、民族振兴、人民幸福的宏伟目标中，才能基业长青。

子曰："道千乘之国，敬事而信，节用而爱人，使民以时。"创新者要将自己立于时代之巅，立于社会之中，立于黄土之上，就要主动履行社会义务，积极承担社会责任。企业的繁荣与进步依靠两根拐杖，一根是创新，一根是人民。

第八节　提升高科技企业市场竞争力，
增强实体经济吸引力

习近平总书记在党的十九大报告中提出，建设现代化经济体系，必须把发展经济的着力点放在实体经济上，把提高供给体系质量作为主攻方向，显著增强我国经济质量优势。加快建设制造强国，加快发展先进制造业，推动互联网、大数据、人工智能和实体经济深度融合，在中高端消费、创新引领、绿色低碳、共享经济、现代供应链、人力资本服务等领域培育新增长点、形成新动能。以高科技产业为主导的现代经济正逐步取代农业经济、工业经济成为世界经济的主要形态，高科技企业作为实体经济转型升级的领头雁，是现代化经济体系的重要生力军。近年来，我国高科技产业规模持续增长，R&D 经费和人力资源投入逐年扩大，高科技创新能力进入活跃期，高科技产品贸易总额继续增长，国家高新技术产业开发区经济规模和质量稳步提升，创新能力不断提高，不仅创造了一个个具有国际竞争力的创新区域，还诞生了一批具有世界影响力的高科技企业。

一方面，伴随着国家创新驱动发展战略的深入，我国 R&D 经费总体规模稳步增长，基础研究投入不断加大，企业创新主体地位得以增强；另一方面，相对于建设创新型国家、推进供给侧结构性改革、培育经济发展新动能的客观要求，高科技产业发展不平衡不充分的问题依然突出，具体表现在以下四个方面：一是行业规模差异较大，电子及通信设备制造业一家独大，其主营业务收入占据高科技产业的半壁江山，是第二名医药制造业的三倍；二是产业地理集中度过高，东部地区高科技企业主营业务收入占全国的比重接近 3/4，中西部地区在科技创新中的积极性和主动性体现不足；三是 R&D 经费投入和人力资源分布极不均衡，高科技产业集中于东部地区相应地带来 R&D 经费和人力资源"孔雀东南飞"现象由来已久；四是 R&D 投入强度落后于国际先进水平，R&D 投入强度表示国家 R&D 投入总量与国内生产总值之比，高水平的 R&D 投入强度是提高国家自主创新能力的重要保障，我国的 R&D 投入强度与以色列、韩国、日本等创新型国家相比还有很大差距。

习近平总书记在全国科技创新大会上指出，企业是科技与经济紧密结合的重要力量，应该成为技术创新决策、R&D 投入、科研组织、成果转化的主体。强化高科技企业创新主体地位，提升高科技企业竞争优势，是提高研发投入规模、优化 R&D 投入结构、提高 R&D 投入效率的关键路径，是增强实体经济吸引力的重要途径，需要从以下几方面着力。

一　完善知识产权保护体系，激励更多企业成为科技研发创新的主体

党的十九大报告指出要"强化知识产权创造、保护、运用"，知识产权作为自主创新的基础和衡量指标，是市场竞争的重要手段。高科技企业研发成本高，边际成本低，对知识产权保护的依赖性大。实施知识产权制度战略，完善知识产权保护体系，通过对高科技企业的商标、专利、商业秘密、商业模式等知识产权进行公平合理的保护，让企业依靠知识产权的创造活动提升市场竞争优势，享受到确定的获得感，可以激励更多的企业进行科技创新，从而推动实体经济高质量发展。完善的知识产权保护体系通过界定知识产品的公共产品属性和私人产权属性为企业提供持续有效的创新激励动力，通过规范知识产权的交易促进知识、技术的广泛传播与利用，通过制止知识产权侵权行为维持市场竞争秩序。合理的技术知识管理制度可以推动高科技企业技术革新与自主知识产权管理的保障，防止员工泄露商业秘密、防止技术骨干带走核心技术，都需要完善的知识产权保护体系作为支撑，

维护正常的市场竞争秩序，激发企业的创新积极性，使高科技企业心无旁骛地发挥微观经济主体的创新精神，充分享受自主创新带来的收益，激励更多有价值的创新，为经济转型升级、建设创新型国家构筑坚实的微观基础。

二 保护和弘扬企业家精神，激发高科技企业创新创业积极性

企业家精神包含创新、机会识别和冒险三大要素。作为经济活动的重要主体，企业家勇于创新、敢于承担风险的精神特质是高科技企业竞争优势不可或缺的组成部分，企业家精神在高科技创新创业活动中的重要作用之一就是识别新的市场机会或技术机会，承担市场和技术的不确定性风险，推动企业开展创新经营活动。高科技创新创业兼具高 R&D 投入和低成功概率的特性，保护和弘扬企业家精神，既要形成鼓励探索、激励成功的共识，更要营造善待挫折、宽容失败的氛围，降低高科技创新创业失败的成本，建立适当的利益引导和风险分担保护机制，促进风险投资产业发展，为风险投资提供良好的服务，完善风险投资保障体系，激发高科技企业创新的积极性。

三 发挥产业集群优势，挖掘高新园区潜力

作为高科技产业集群的载体，高新园区在我国已走过 30 年历程，成为促进我国科技进步和创新、推动产业结构转型升级、引领供给侧结构性改革的重要力量，北京中关村、上海张江高科以高科技产业集群的形式取得了巨大的成功。与此同时，有些高新园区也存在政策依赖性强、产业集聚效应和技术创新能力不足的问题，尚未形成真正的高科技产业集群，这些高新园区需要运用差异化战略，发挥后发优势，

培育具有地区特色和竞争优势的产业集群来实现高新园区的实心化，发挥高新园区应有的产业集群效应，引导富有活力的增长模式，推动园区创新生态系统建设，使高新园区的产业集群效应成为高科技企业竞争力的重要来源。

四 注重高科技企业的管理创新，增强可持续发展能力

高科技产品一般都具有生命周期短、市场瞬息万变的特点。与传统企业相比，高科技企业高收益与高风险并存，在竞争规则、内容、方式和结果上的特殊性决定其在经营战略和商业模式方面具有创新要求，需要符合自身竞争规律的战略理论指导企业在纷繁复杂的竞争环境中扬帆远航。转移成本和客户锁定现象在高科技产品中表现突出，用转移成本瞄准和挽留客户，通过高科技产品收益递增的特性，从战略上锁定客户，既符合高科技企业的竞争规律，又可以延长高科技产品的生命周期，获得持续稳定的市场回报，从而弥补初始 R&D 成本，提高市场竞争力，转移成本—客户锁定战略—商业模式创新的理论逻辑应运而生，回答了新时代新经济体创新运作模式的关键问题，有利于增强高科技企业的可持续发展能力。

第八章 研究结论与展望

第一节 研究结论

一 高科技产品具有较高的转移成本，与一般传统产品有所区别

以往我们在转移成本视角下针对客户锁定机制研究大多数是以企业整体为研究对象。本书以高科技企业为主要研究对象，探讨如何利用高科技企业自身的特点，有针对性地提高客户转移成本从而减少高科技企业客户流失率。

高科技产品不同于一般传统产品，高科技产品较一般产品而言，生命周期较短，产品结构更复杂、网络效应更明显、对兼容性要求更高。高科技产品的复杂性一般体现在高科技产品的技术含量较高、R&D 成本较大、操作使用较难等方面。高科技产品的易逝性使产品生命周期的时效性比一般传统产品更为明显。客户在选择高科技产品时，比选择一般传统产品更容易受到网络效应影响。尤其是在当今"互联网+"的时代背景下，客户一般倾向于选择网络正反馈效应较大的产品，如腾讯 QQ 和 Office 应用软件等。高科技产品兼容性是影响客户

最终是否购买的重要因素。对于高科技企业而言，高昂的 R&D 费用迫使企业必须尽一切可能延长产品生命周期，否则企业难以收回成本；对于客户而言，在使用高科技产品初期需要花费大量时间、精力学习高科技产品的使用，如果客户在使用后更换产品供应商，不但之前的学习成本会转换成沉没成本，还需要再针对新供应商提供的产品或服务付出额外的学习成本。

早期有些高科技产品锁定客户出于偶然，企业在向市场投放产品前，并没有经过精心准备，也没有预测到后期会出现客户锁定的现象。随着市场开放程度稳步扩大和市场体制不断完善，高科技企业开始不断调整经营机制、战略定位、商业模式，目的是提高客户转移成本，形成客户锁定的商业模式。越来越多的高科技企业开始将转移成本有计划、有目的地植入产品的设计、生产、销售、渠道等方面。高科技企业现阶段的经营重点是变偶然的客户锁定现象为必然。

二 构建高科技产品转移成本至关重要，有利于高科技企业锁定客户

转移成本在高科技企业中的作用表现尤为突出，随着产品技术含量不断地增加，高科技产品更新换代速度越来越快，这也表明我国高科技企业正面临着越来越大的竞争压力。在高科技产业经济领域，现代高科技企业的竞争不能完全依赖传统的商业模式。传统商业模式下，企业往往通过产品价值竞争来吸引更多客户；高科技商业模式中，产品的协同价值才是构建转移成本的关键。但随着现代市场上客户话语权日益增大，企业营销重点也从传统的产品转向了客户。客户锁定战略成为培养企业竞争力的主要战略之一。而实际操作中，企业针对高科技产品的特点，从战略上锁定客户，既有利于降低经营成本，又能帮助高科技企业获得持续稳定的收益回报，从而在一定程度上弥补了

产品 R&D 费用。

高科技企业锁定客户的程度难以直接量化，但是滴滴的客户补贴的产品营销策略、小米的生态圈商业模式、微信基于外接小程序的商业模式等多种案例说明，高科技企业客户锁定程度和转移成本密切相关。在企业日常经营中，高科技企业可运用多种营销策略增加客户转移成本，如以差别定价吸引新老客户、提高技术含量形成标准锁定或技术锁定、发挥产品网络效应等一系列活动使客户忠诚于企业的产品或服务。成功构建转移成本的高科技企业，其经营状况一般都较为理想。

三 提高转移成本、实施客户锁定，需要结合企业特点

通过提高转移成本来实施客户锁定，需要结合相应的"背景特点"，如市场经济特点、产品特点、客户需求偏好、购买习惯、购买行为等。从高科技企业外部和内部两个方面基于转移成本对企业进行分析。从企业外部来看，经济背景、政治背景、社会文化、风俗习惯、客户规模、客户收入水平、竞争者规模和公众认可度等都会影响转移成本对客户的锁定程度；从企业内部来看，经营态度、经营理念、企业文化和技术创新水平等都是影响客户锁定的重要因素。

四 转移成本各因素在客户锁定效应所占权重检验——以医药企业为例

目前国内大量现有的研究都是在论证转移成本的存在，在具体测量转移成本和转移成本控制方面的研究极欠缺。只有对各转移成本的影响因素在客户锁定过程中进行具体量化分析，明确各因素所占影响购买决策的权重，才能为高科技企业转移成本的构建提供科学的决策

依据。

本书基于货币成本、心理成本和健康成本对我国医药企业中各转移成本要素在客户锁定中所占权重进行检验。运用层次分析法和熵商法进行量化分析得出结论，健康成本对我国医药企业的客户转移影响最大，其次是心理成本，最后是货币成本。

这表明我国医药企业客户最关心药品品质，提高药品品质是锁定客户的最好办法，其次要注重提升医药企业品牌影响力、维持良好的客户关系，以提高客户心理成本，最后的补充方法是利用客户价格敏感度创造价格优势。

从研究的结论来看，药品健康成本不仅包括药品疗效，还包括药品的副作用。如果医药企业在致力于不断提升药品疗效的同时能降低药品副作用，将大大提高客户转移时的健康成本，增强对客户的锁定作用；药品的关系成本主要包括品牌偏好和关系损失，其中品牌偏好的锁定作用要大于关系损失的锁定作用。维持良好的客户关系有利于辅助医药企业"间接"锁定客户，建立良好品牌形象有利于直接锁定客户。由于医药产品的特殊性，客户在选择药品时常常会出现路径依赖现象，客户更倾向选择已使用过的品牌或知名度较高的品牌；药品的利润和违约赔偿是影响药品货币成本的主要因素，违约成本能在一定程度上限制客户转移，但是如果客户在转移后所得的利润大于违约成本，客户就会转移。

五 转移成本各因素对客户锁定的影响经得起检验——以共享单车为例

本书总结了摩拜、ofo 关于提高客户的转移成本锁定客户的经验做法，给高科技企业如何在"共享经济"背景下扩大客户规模、提高客户黏性提供了参考。

客户软件下载的不排他性是目前共享单车市场竞争激烈的重要原因之一。目前共享单车市场上存在着大量单车重叠客户，"锁定"现有客户是共享单车企业现阶段面对的主要难题之一。本书从转移成本角度对不同共享单车的寻车成本、解锁感知成本、用车费用成本、骑行体力成本进行对比分析。利用层次分析法得出研究结论如下：良好骑行感受对于共享单车客户锁定的效果最好；其次是增加解锁渠道，提高产品兼容性；最后是降低客户使用成本。

提高共享单车客户被锁定程度的具体做法有通过提高客户骑行感受来增加客户转移成本；增加共享单车的解锁渠道，以降低客户进入成本；利用网络外部性发挥报酬递增效应；政府使用大数据合理投放共享单车，提高产品形象和客户心理成本；企业可以尝试后向收费的模式，增加客户规模和增强客户黏性；企业还可以利用历史出行数据（积分体系、健康数据体系等）进行大数据分析，针对客户自身行为特点增强客户的活跃度；学会倾听使品牌更人性化，更好地向客户传递品牌价值观。

对共享经济模式下高科技企业客户锁定商业模式研究，我们得出以下结论：锁定老客户是关键，增强客户黏性、扩大客户规模、提高产品流转率及企业交易率是提高"共享企业"在市场上锁定客户能力的有效途径。

六 高科技企业运用转移成本建立客户锁定商业模式时要承担社会责任

在高科技企业市场竞争中，经常可以看到企业运用各种手段以增加客户转移成本，达到锁定客户的效果。例如利用合同进行法律责任锁定、利用积分奖励进行优惠折扣锁定、利用软件进行技术兼容锁定、利用信息进行大数据锁定等。但是这些客户锁定策略都必须基于客户真实需求进行，必须带有责任感地锁定，高科技企业通过锁定客户获得企业经济效益的同时一定不能侵犯社会效益和客户权益。

现在市场上有很多在线旅游（OTA）购票网站被曝出存在恶意捆绑消费行为。如 2017 年 10 月，携程被曝提供没有明显的取消操作的产品供客户选择。如果企业不顾长期社会利益和客户真实需求锁定客户，仅仅出于企业自身经济利益考虑是得不偿失的，企业可能会在短期内获得一定的经济利益，但是长期的结果一定是不经济的。

第二节 研究展望

高科技企业竞争策略、客户锁定方式和战略有别于传统企业。国内外基于转移成本的客户锁定问题的研究非常广泛，但专门针对高科技企业转移成本的客户锁定策略的研究成果，国内并不多见，尤其是以高科技产品自身特点为突破口的研究更是稀少，许多学者和高科技企业的经营管理者都十分渴望能形成系统的针对高科技企业客户锁定策略的研究成果。

本书对高科技企业客户锁定战略的研究，目前还十分粗浅，进一步研究内容可以从以下几个方面开展：

一 实证分析可进一步深入

目前针对转移成本和客户锁定的研究大都是从客户和企业两者的角度出发。现有大量的实证研究证实了不同因素对转移成本、客户锁定确实存在不同影响。理论必须联系实践才能发挥最大作用，我们目前仅对高科技产业中的医药产业、即时通信软件、共享单车进行了分析，得出的研究结论较宽泛，实证分析的程度还不够深入，在以后的研究中还可以更为具体、更为深入。

二 对分享经济背景下转移成本和客户锁定作用机制进行研究

党的十八届五中全会提出,"创新、绿色、协调、开放、共享"要成为"十三五"时期及未来更长时期内中国经济发展的基本理念,分享经济成为中国经济发展的新趋势。分享经济能通过互联网技术有效地减少供给和需求信息不对称[①],在整合社会闲置资源和调整产业结构等方面具有天然优势,不仅能够降低企业的运营成本,还可以降低客户的使用成本。分享经济在中国发展较晚,但在"大众创业、万众创新"的国家"双创战略"大力支持下,市场上出现了分享交通的"滴滴出行""共享单车""共享汽车"以及分享住宿的"Airbnb"、分享生活的"共享雨伞"和"共享充电宝"等体现分享经济理念的企业。

现有关于高科技企业转移成本和客户锁定机制的研究与分享经济有关的研究还很稀缺,未来研究有很大发展空间,在实践和理论方面有很强的指导意义,对我们今后关于本课题的研究提出了一个新方向。因此,"互联网+"共享经济背景下高科技企业转移成本和客户锁定机制是笔者进一步研究的方向,共享经济背景下企业发展所涉及的转移成本影响因素和客户锁定策略也需要进一步研究。

三 对其他类型的企业转移成本和客户锁定机制进行更广泛的研究

本书主要是在转移成本的视角下,研究高科技企业客户锁定机制

---

① 《中国分享经济方兴未艾》,房产频道—和讯网,http://house.hexun.com/2017-05-02/189030865.html。

战略，研究具有一定的局限。在以后的研究中，可以针对多种类型的企业进行更广泛的研究，也可以对本书中所用模型进行调整，使其能更综合地验证转移成本在其他企业客户锁定机制中的作用；将本书中运用的变量进行进一步的细化扩充，或者从不同的角度去思考转移成本对客户转移行为的影响。本书重点研究了转移成本是否在未来一段时间内影响客户更换供应商，但对于客户转移后的再次转移意向和态度缺乏连续观察。

四 不同经济背景下转移成本和客户锁定的作用机制和实证的差异研究

本书研究了传统经济和"互联网+"背景下转移成本和客户锁定策略的差异。两种不同背景下转移成本和客户锁定构成、作用机制、具体测量和控制手段都存在明显差异，这要求企业要针对企业类型、产品类型、客户类型进行细分，最大限度地占有市场，并在市场上产生一定的影响力。目前学术界针对转移成本的研究，大多数是着眼于转移成本，对于"互联网+"背景下高科技产品转移成本和客户反锁定策略的研究无论在理论上还是在实证分析上都开展得比较少，但却很有必要。

附 录

附录 I 高科技企业客户意向调查问卷

您好，我们是中南民族大学经济学院某课题组研究人员，现正在进行关于医药企业客户转移行为的影响因素调查。本调查采用匿名形式，调查结果仅供学术课题之用。为取得真实严谨的学术成果，您填写的每个答案都对我们至关重要，请您认真填写。我们向您的合作致以衷心的感谢，对耽误您宝贵的时间致以诚挚的歉意！

请问您的年龄段是［单选题］［必答题］
○18 岁以下
○18—25
○26—30
○31—40
○41—50
○51—60
○60 岁以上

请问您是在校学生还是工作人士？［单选题］［必答题］
○在校学生

○工作人士

您目前从事或曾经从事的行业［单选题］［必答题］
○IT/软硬件服务/电子商务/因特网运营
○快速消费品（食品/饮料/化妆品）
○批发/零售
○服装/纺织/皮革
○家具/工艺品/玩具
○教育/培训/科研/院校
○家电
○通信/电信运营/网络设备/增值服务
○制造业
○汽车及零配件
○餐饮/娱乐/旅游/酒店/生活服务
○办公用品及设备
○会计/审计
○法律
○银行/保险/证券/投资银行/风险基金
○电子技术/半导体/集成电路
○仪器仪表/工业自动化
○贸易/进出口
○机械/设备/重工
○制药/生物工程/医疗设备/器械
○医疗/护理/保健/卫生
○广告/公关/媒体/艺术
○出版/印刷/包装
○房地产开发/建筑工程/装潢/设计

○物业管理/商业中心
○中介/咨询/猎头/认证
○交通/运输/物流
○航天/航空/能源/化工
○农业/渔业/林业
○其他行业

您的常住地是［单选题］［必答题］
○安徽　○北京　○重庆　○福建　○甘肃　○广东　○广西
○贵州　○海南　○河北　○黑龙江　○河南　○香港　○湖北
○湖南　○江苏　○江西　○吉林　○辽宁　○澳门　○内蒙古
○宁夏　○青海　○山东　○上海　○山西　○陕西　○四川
○台湾　○天津　○新疆　○西藏　○云南　○浙江　○海外

高科技行业是指用当代尖端技术（主要指信息技术、生物工程和新材料等领域）生产高科技产品的产业群，其生产的产品为高科技产品。主要包括以下领域：医药制造业、航空航天器及设备制造业、电子及通信设备制造业、广播电视设备制造业、雷达及配套设备制造、计算机及办公设备制造业、医疗仪器设备及仪器仪表制造业、信息化学品制造业

请问您是否已经阅读以上材料并基本了解了高科技行业和高科技产品的定义？［单选题］［必答题］
○是
○否

请问您认为您常住地的高科技行业整体发展情况如何？［单选题］

[必答题]

　　○很差

　　○比较差

　　○一般

　　○比较好

　　○很好

　　请问您对您常住地高科技行业未来发展前景的看法［单选题］
[必答题]

　　○很不看好

　　○不太看好

　　○一般

　　○比较看好

　　○很看好

附录Ⅱ 医药企业客户转移行为影响因素调查问卷

您好，我们是中南民族大学经济学院某课题组研究人员，现正在进行关于医药企业客户转移行为的影响因素调查。本调查采用匿名形式，调查结果仅供学术课题之用。为取得真实严谨的学术成果，您填写的每个答案都对我们至关重要，请您认真填写。我们向您的合作致以衷心的感谢，对耽误您宝贵的时间致以诚挚的歉意！

1. 请问您从事的行业是否与医药或医疗有关？
○是
○否

2. 假设现在有新的供应商希望与您建立合作，而【1】—【10】题所列因素则可能影响您更换原供应商，请对它们两两比较的相对影响程度作出评价：

滑动条指标解释：

0：A 与 B 的影响程度"相同"

-2：A 比 B 的影响程度"稍大"　　2：B 比 A 的影响程度"稍大"

-4：A 比 B 的影响程度"大"　　　4：B 比 A 的影响程度"大"

-6：A 比 B 的影响程度"大得多"　6：B 比 A 的影响程度"大得多"

-8：A 比 B 的影响程度"极其大"　8：B 比 A 的影响程度"极其大"

其他数值代表的阻碍程度介于相邻两种数值所代表的阻碍程度之间

温馨提醒：请根据您评估的数值小心仔细移动滑动条，防止打滑。

【1】A：原供应商更好的药品品质　　B：原供应商更好的药品品牌及与其关系损失

【2】A：原供应商更好的药品品质　　B：原供应商更高的药品利润

及合同约定的违约赔偿

【3】A：原供应商更好的药品品质　B：原供应商更快的供货速度及评估新供应商的耗时

【4】A：原供应商更好的药品品牌及与其关系损失　B：原供应商更高的药品利润及合同约定的违约赔偿

【5】A：原供应商更好的药品品牌及与其关系损失　B：原供应商更快的供货速度及评估新供应商的耗时

【6】A：原供应商更高的药品利润及合同约定的违约赔偿　B：原供应商更快的供货速度及评估新供应商的耗时

【7】A：原供应商药品更好的疗效　B：原供应商药品更小的副作用

【8】A：原供应商更好的药品品牌　B：与原供应商的关系损失

【9】A：原供应商更高的药品利润　B：原供应商合同约定的违约赔偿

【10】A：原供应商更快的供货速度　B：评估新供应商的耗时

附录Ⅲ 本次调查问卷的题项

如果您打算购买某种高科技产品，请对您是否同意以下说法表明您的态度

您在购买之前，常常不会为了搜集、考察或了解产品花太多功夫［单选题］［必答题］

　　〇很不同意　〇不太同意　〇一般　〇比较同意　〇非常同意

若您不是高科技产品行业的从业者，则您不可能像其他生产者一样了解该产品［单选题］［必答题］

　　〇很不同意　〇不太同意　〇一般　〇比较同意　〇非常同意

即使您是高科技行业的从业者，您也不能像其他行业生产者一样了解该产品［单选题］［必答题］

　　〇很不同意　〇不太同意　〇一般　〇比较同意　〇非常同意

您很在意高科技产品的生产效率和供货速率，越快越好［单选题］［必答题］

　　〇很不同意　〇不太同意　〇一般　〇比较同意　〇非常同意

您很在意高科技产品的技术含量，越高越好［单选题］［必答题］

　　〇很不同意　〇不太同意　〇一般　〇比较同意　〇非常同意

您很在意高科技产品的技术标准（例如配件接口尺寸、操作按键布局等）是否符合常规，符合常规的好［单选题］［必答题］

　　〇很不同意　〇不太同意　〇一般　〇比较同意　〇非常同意

如果您正在使用高科技产品，请对您是否同意以下说法表明您的态度

您会因为某种高科技产品的客户不断增加而越来越依赖这种产品（例如使用手机的人越多会使您越来越依赖手机）［单选题］［必答题］
○很不同意　○不太同意　○一般　○比较同意　○非常同意

您会因为某种高科技产品的配套产品的客户不断增加而越来越依赖这种产品（例如使用办公室软件的人越多会使您越来越依赖电脑）［单选题］［必答题］
○很不同意　○不太同意　○一般　○比较同意　○非常同意

有时我们会反复购买同一品牌的某种高科技产品，请对您是否同意以下原因表明您的态度

因为您担心某其他品牌不如您现在使用的品牌质量好［单选题］［必答题］
○很不同意　○不太同意　○一般　○比较同意　○非常同意

因为您不想为评估、学习使用或适应某其他品牌的这种高科技产品又花费一番工夫［单选题］［必答题］
○很不同意　○不太同意　○一般　○比较同意　○非常同意

因为您不想失去现有品牌给您带来的优惠［单选题］［必答题］
○很不同意　○不太同意　○一般　○比较同意　○非常同意

因为某其他品牌的这种高科技产品比您现在使用的这种品牌价格

要高［单选题］［必答题］
　　○很不同意　　○不太同意　　○一般　　○比较同意　　○非常同意

　　因为您不想打破与现有品牌的供应商或者销售人员建立的良好关系［单选题］［必答题］
　　○很不同意　　○不太同意　　○一般　　○比较同意　　○非常同意

　　因为您担心某其他品牌的这种高科技产品名气不如现用品牌［单选题］［必答题］
　　○很不同意　　○不太同意　　○一般　　○比较同意　　○非常同意

　　请对您是否同意以下说法表明您的态度

　　如果某种高科技产品的介绍刚好符合您的需求且是您能够接受的价格，您会购买该产品［单选题］［必答题］
　　○很不同意　　○不太同意　　○一般　　○比较同意　　○非常同意
　　如果您所购买的某种高科技产品给您的使用感受好，您会对其品牌产生认可和信赖［单选题］［必答题］
　　○很不同意　　○不太同意　　○一般　　○比较同意　　○非常同意

　　您会再次购买您认可的同一品牌的高科技产品［单选题］［必答题］
　　○很不同意　　○不太同意　　○一般　　○比较同意　　○非常同意

　　我确定我已认真作答所有题目［单选题］［必答题］
　　○是，请结束问卷
　　○否，但请结束问卷（若愿意修改，则无须点选此项，直接滑动到前面题目修改即可）

附录Ⅳ 多举措激发创新积极性 增强高科技企业竞争优势

当今时代,高科技产业的发展水平在很大程度上影响着国家的产业竞争力。高科技企业作为转变发展方式的领头雁,是建设现代化经济体系的重要生力军。近年来,我国高科技产业规模持续扩大,研发经费和人力资源投入逐年提高,高科技创新能力进入活跃期,产生了一批具有国际竞争力和影响力的创新区域和高科技企业。

然而,相对于建设创新型国家、推进供给侧结构性改革、培育经济发展新动能的要求来说,高科技企业仍存在创新积极性和动力不足、研发投入不够、结构不合理、可持续发展能力不强等问题;高科技产业存在发展不平衡、不充分的问题。比如,行业之间的规模差异过大,发展较快的电子及通信设备制造业,其主营业务收入占高科技产业的半壁江山,而其他一些领域的高科技企业则发展不足。产业的地理分布也不够均衡,东部地区高科技产业的主营业务收入占全国的比重接近3/4,相应地带来研发经费和人力资源向这些地区进一步集中。此外,相关的创新激励政策体系也较为薄弱。

习近平同志指出:"企业是科技和经济紧密结合的重要力量,应该成为技术创新决策、研发投入、科研组织、成果转化的主体。"激发高科技企业创新积极性,强化高科技企业创新主体地位,增强高科技企业竞争优势,可以从以下几方面着力。

完善知识产权保护体系。党的十九大报告指出,强化知识产权创造、保护、运用。知识产权作为自主创新的基础和衡量指标,是市场竞争的重要手段。完善的知识产权保护体系通过界定知识产品的公共产品属性和私人产权属性,为企业提供持续有效的创新动力。高科技企业研发成本高、边际成本低,对知识产权保护的依赖性大。应完善知识产权保护体系，通过对高科技企业的商标、专利、商业秘密、商业模式等知识产权进行公平合理的保护，让企业依靠知识产权的创造活动提升市场竞争力，激励更多高科技企业成为科技研发创新主体。

保护和弘扬企业家精神。企业家精神包含创新、机会识别和冒险等要素。高科技创新创业兼具高研发投入和低成功概率的特性。企业家精神在高科技创新创业活动中的重要作用之一，就是识别新的市场机会或技术机会，承担市场或者技术的不确定性风险，推动企业开展创新活动。保护和弘扬企业家精神，既要出台鼓励探索、激励成功的创新政策，又要营造善待挫折、宽容失败的社会氛围，同时通过建立适当的利益引导和风险分担保护机制，降低高科技创新创业成本，激发高科技创新创业积极性。

发挥产业集群优势。作为高科技产业集群的载体，高新技术园区在我国已走过30余年历程，成为促进我国科技进步和创新的重要力量。然而也应看到，有些高新技术园区存在政策依赖性强、产业集聚效应差、技术创新能力不足等问题，尚未形成真正的高科技产业集群。高新技术园区应充分发挥产业集群效应，运用差异化策略，努力培育具有地区特色和竞争优势的产业集群；推动园区创新生态系统建设，为创新创业提供便利；探索并采用富有活力的发展模式，使园区的产业集群效应成为高科技企业竞争力的重要来源。

（原载《人民日报·理论版》2018年2月12日）

附录 V 转移成本在战略性新兴产业中的重要作用

一 转移成本的内涵

转移成本是指由于不同产品或服务之间因标准或规格存在差异，导致客户从一个产品或服务转移到另一个产品或服务时所需要付出的额外成本。转移成本不仅包括金钱成本，还包括学习使用新产品付出的时间成本、精力成本，以及客户因信任、习惯、依赖等心理因素产生的情感成本。在价格等其他因素不变的条件下，客户对某项产品或服务的转移成本越高，就会越忠实于该产品或服务。转移成本的提出是基于交易成本的概念，认为客户改变供应商所增加的成本产生了一种退出障碍。竞争战略之父迈克尔·波特指出，转移成本是客户从一个产品或服务的提供商转向另一个提供商时所产生的一次性交易成本。因此，转移成本可被视作阻止客户脱离企业服务关系的一种障碍。企业可以通过管理客户对转移成本的感知来锁定客户，从而保持较长时间的竞争优势。

国际上对转移成本和锁定的研究始于 20 世纪 80 年代。W. Brian Arthur 提出技术锁定的概念，认为高新技术主导的新兴经济和传统经济的收益递减规律不同，具有收益递增的特征，被率先大量采用的技术因正反馈机制锁定使用者，即使该技术可能是劣等技术。Klemperer 则从转移成本的角度研究锁定，认为在很多市场上消费者会面临转移成本问题，如交易成本、学习成本、人工及合同成本，转移成本使同质产品具有异质性，并导致客户锁定效应。Guiltnan、Thibault 与 Keley、Burnham 等相继研究了转移成本的类型。H. Arnold 提出系统锁定战略，即联合互补品厂商一道锁定客户，控制行业标准。Shapiro 与 Varian 以信息经济为研究对象确定了搜索成本是转移成本的一种，当转移成本超过转换所带来的预期增加收益时，理性经济人会完全被锁定。Zauberman 的研究认为，消费者未能预见到的转移成本是客户锁定效应形成的主要因素之一。

微软诉讼案发生后，以美国学者为主的学术研究开始致力于政府对锁定的公共政策研究。Farrell 与 Klemperer 认为存在转移成本和不兼容性的行业容易形成锁定，从而阻碍小企业进入，政府应推行兼容的公共政策。由此可见，将转移成本归结为客户锁定效应的重要原因之一，近年来在国外学界和学者群体中已形成共识。

国内学者结合中国企业的市场实践围绕锁定的机制、实证及管理启示展开研究。谢科范等、李明等沿着"收益递增—路径依赖—赢家通吃—锁定"这一逻辑分析了技术锁定的传导机制、演化过程及企业应对策略；蒋传海以霍特林模型为基础研究寡头企业两期价格竞争结果，认为产品存在转移成本的企业可以对被锁定的客户索取高价。

二　转移成本与新兴产业息息相关

在很多市场上，客户在两种不同品牌的产品或服务之间转移消费将面临转移成本，即使这两种产品或服务功能相同，转移成本同样存在。转移成本作为一种进入壁垒，让产业中的先行者处于相对有利的市场地位，因此先行者往往会努力筑高这种壁垒。转移成本与企业锁定客户密切相关，在市场上经常可以看到企业使用各种手段增加客户转移成本，锁定客户的情景，例如合同锁定、积分奖励锁定、软件锁定、信息兼容锁定、标准锁定等。

新兴产业市场上这种锁定客户的情况尤其明显。一方面，高新技术产品的复杂性、网络效应和正反馈机制使其有条件为客户制造较高的转移成本；另一方面，高新技术产品的易逝性使其产品生命周期短暂，高昂的研发成本迫使高新技术企业不得不想方设法延长产品生命周期。高新技术产品的客户锁定是指高新技术产品在网络效应、正反馈机制的作用下,通过提高客户的转移成本使客户转移不经济,从而在一定时期内忠诚于企业产品或服务的一种客户管理战略。这种客户管理战略可以催生出全新的商业模式。

锁定效应广泛存在于各类企业中,在高新技术企业中表现得尤为突出。随着工业化进程的深入,高新技术在我国经济增长的内生要素中的核心地位日益凸显,融入经济全球化的 FDI 吸引政策一定程度上导致了本土企业技术的"低端锁定",许多本土企业被贴上"中国制造"的标签,却缺乏在全球高新技术领域占有主导地位的企业。

在高新技术产业领域,跨国公司成为主体,对本土企业的创新活动产生"替代效应"和"挤出效应",本土企业存在被长期锁定于全球价值链低端的危险。战略性新兴产业高收益与高风险并存,买方市场条件下企业规避高风险并获取高收益的根本途径在于培养并发展客户的忠诚度。利用新兴产业收益递增的特性,从战略上锁定客户,既符合高新技术产业的竞争规律,又可以获得持续稳定的市场回报,从而弥补初始固定研发成本,增强市场激励力度。

锁定的程度难以直接量化,而导致客户锁定结果的技术标准、网络效应最终都成为客户的各种转移成本,因此对转移成本的量化可以用来衡量锁定的程度。只有确定了转移成本各因素在客户锁定效应中所占的权重,才能为新兴产业将有限的资源按不同比例投入各类转移成本的构建之中提供决策依据。将转移成本成功融入新兴产业商业模式中的企业一般都获得了理想的商业回报。腾讯 QQ 的即时通讯,百度的搜索引擎,苹果的智能手机,波音的飞机制造,IBM 的金融、电信等 IT 服务,云南白药的疗伤圣药等都呈现出因转移不经济而导致的客户锁定现象。一种产品呈现出客户锁定现象的原因是多种多样的,有些产品是偶然因素或在不知不觉中形成的,事先并没有经过精心的准备和策划,企业对锁定效应的结果也没有预期。多数产品则从开始就有整体的价值网络设计,并将转移成本主动、有计划地植入价值网络设计中,依靠含有转移成本的价值网络开展竞争。

三 战略性新兴产业的商业模式面临根本转变

新兴产业作为先导性产业,具有广阔的市场前景和科技进步能力。随着我国对外开放的不断推进和市场经济体制的不断完善,新兴产业正经历着一轮经营机制、战略定位、商业模式转变和调整的过程。越来越多的跨国公司的大举进入及来自海外资本的持续投入,导致传统的竞争概念和竞争格局发生变化。

面对经营条件和竞争环境的剧烈变迁,新兴产业在市场竞争过程中面临着四大转变:一是竞争规则的转变,传统产业的低成本战略和差异化战略已经不能适应新兴产业的竞争规则,高新技术产品的高固定成本和低边际成本、网络外部性决定了新兴产业的基本竞争策略,如差别定价、标准竞争、捆绑销售和客户锁定等;二是竞争内容的转变,传统产业的竞争重点是土地、原材料、劳动力,新兴产业的竞争重点是知识和资金;三是竞争方式的转变,传统产业所竞争的土地、原材料、劳动力等资源具有排他性,是一种对抗性竞争,新兴产业所竞争的知识具有非排他性,这为新兴产业在某些领域的合作与共赢提供了条件;四是竞争结果的转变,从全球市场来看,传统产业的竞争结果是在规模经济状态下多家企业共存共荣,新兴产业的竞争结果却往往是赢家通吃与锁定。

新兴产业竞争特点的四大转变决定了它的商业模式也面临着根本的转变。危机后全球新一轮的新兴产业选择、进入和竞争已经展开。2012年国务院印发《"十二五"国家战略性新兴产业发展规划》,决定把新一代的信息技术、节能环保、新能源、生物、高端装备制造业、新材料、新能源汽车七个方面作为战略性的新兴产业重点培育,依靠新技术推动产业转型，建设产业集群和特色产业基地，发展高端制造业。

战略性新兴产业对经济社会发展具有重大的引领带动作用，对于增强社会可持续发展能力、转变经济发展方式具有重要意义。传统产业的优化升级迫切需要战略性新兴产业的牵引和带动。比如新一代的移动通信和下一代互联网的发展将有力地带动现有信息产业升级换代，信息通讯技术的深化应用将推动传统的制造业向数字化、智能化和绿色化的先进制造业跨越。基于移动互联网技术的打车软件，正在变革数十年不变的出租车运营方式。打车软件订单无缝对接，可以实现零空驶率记录，出租车油耗减少，空驶率降低，乘客打不到车、司机接不到活的僵局被打破。

四 战略性新兴产业创新商业模式的路径与策略

战略性新兴产业的培育需要保证创新者在进行巨额研发投入、承担巨大风险后，获得相应的补偿，这是根本的激励问题。创新商业模式，执行客户锁定战略，为客户创造较高的转移成本可以使战略性新兴产业获得长期稳定的利润。一个优秀的新兴商业模式不仅能提供拥有完美技术的产品，而且能使产业保持长时间的竞争优势。苹果手机的竞争优势主要来自其商业模式而不是单纯的手机产品创新，苹果手机的应用商店生态系统是竞争对手难以模仿的，同时也成为客户向竞争对手转移的障碍。

免费或客户补贴策略被广泛采用。由于高新技术产品通常具有较低的边际成本，因此免费策略成为新兴产业为客户设置转移成本的一大利器，这开启了商业模式的一场革命。其竞争模式是，提供客户感兴趣的免费产品或服务，制造黏性，通过自反馈方式形成马太效应，积累庞大的基础客户群体，而庞大的基础客户群体正是战略性新兴产业盈利的关键。客户在第一次使用行为完成之后，如果想要更换供应商，就会发现自己面临退出障碍，需要支付额外的金钱、时间、精力或情感成本。

免费模式一般伴随着多阶段定价策略，现实中的高新技术企业往往通过二次定价或价格歧视来获取更多的利润。高新技术企业经常采用先让客户免费使用抢占市场，再以高定价来获取利润的模式，而二次定价或多次定价往往基于转移成本，结果就是客户被锁定在一件产品或服务中，难以转移。传统产品因其可替代度高、附加值低，客户的转移成本较低，不易被感知，这类产品的竞争一般表现为价格战。高新技术产品的复杂性、网络效应和正反馈机制使其客户在初次使用后往往带有转移成本，这类产品的竞争往往主要是转移成本的竞争，而较少直接的价格竞争。这种竞争内容的转变有利于企业与客户关系的长期发展，使企业对持续稳定利润的追求得以实现。

当客户免费策略被广泛采用之后，消费者渐渐产生"审美疲劳"。在某些领域，免费已经很难点燃消费者的使用热情。在这种市场形势下，客户补贴应运而生，成为市场竞争的热点和消费者热议的话题，比如2014年"双十二"当天支付宝分发给客户的补贴接近人民币1亿元。这种补贴的方式，始于2014年年初的打车软件补贴，补贴逻辑一脉相承，即利用补贴让消费者使用产品，培养消费者的移动支付习惯，同时也让商家成为支付宝钱包的客户，习惯用支付宝钱包收款。当客户使用习惯的培养成功之后，客户对该产品或服务就产生转移成本。

转移成本成为战略性新兴产业先行者的正向激励工具。全球经济一体化形势下，各国的战略性新兴产业已经越来越多地参与全球竞争，不管是主动出击，还是被动接受，都不可避免地遭受到来自世界各地的竞争压力。面对这一局面，我国政府越来越重视高新技术在经济增长以及国际竞争中的重要作用。国家高新技术产业开发区的建设卓有成效，区内企业数、营业总收入、净利润、实交税金以及出口创汇能力均有显著提高。在这一新进入者不断涌入的产业领域，已经拥有一定数量基础客户的先行者们，基于转移成本锁定一批客户而具有一定的客户规模优势。客户对新进入者的产品或服务质量信息缺乏了解，存在不确定性等风险，可能不愿意转移；从一种产品或服务转移到另一种产品或服务的损失越大，客户越不愿意转移，对先行者的产品或服务的忠诚度就会越高。

随着转移成本的提高，客户对先行者产品或服务质量的敏感度会降低，即较高的转移成本会弱化客户对先行者产品或服务质量的感知，使客户在衡量先行者产品或服务满意度时主要考虑转移成本而忽略质量的影响作用。如我们现在所使用的键盘，使用最多的字母都不在中间，最初是为了迁就打字机的速度慢，避免打字机卡字而这样设计。结果大家都学会了使用这种键盘，不愿再学习其他模式的键盘而使键盘锁定在最初这种不利于提高打字速度的模式中。转移成本的存在阻碍了客户使用新进入者的产品或服务，从而给产业先行者带来一定的竞争优势，这对战略性新兴产业的先行者具有正向激励作用，有利于战略性新兴产业形成踊跃创新的氛围，从而促进战略性新兴产业快速发展。

（原载《国家治理周刊》2016 年第 5 期）

附录Ⅵ 高科技企业竞争锁定理论浅析

20世纪80年代以前，经济发展的要素主要是资金、资源和劳动力，科学技术对国民经济增长的贡献率只占5%，当时出现在世界富豪排行榜前十位名单上的几乎都是石油大亨、钢铁大亨、汽车大亨，他们的财富建立在庞大的有形原料、机器、厂房和金融资本上。但20世纪80年代以后，很多发达国家依靠科技进步提高生产力的比率达到了50%—70%。在决定经济发展的各种要素中，有形物质的作用相对降低，科技的作用空前提高。到20世纪90年代中期，富豪榜名单发生了极大的变化。1997年，美国前六位富豪中的五位是计算机和软件人士。我国改革开放以来十分重视高科技企业的发展，1978年邓小平在全国科学大会上指出，四个现代化的关键是科学技术现代化，要大力发展我国的科技教育事业，并着重阐述了科学技术是生产力这一马克思主义的观点。1985年进一步肯定了"科学技术是生产力"的论述。1988年和1992年两次强调科学技术是第一生产力。进入21世纪，科技的力量进一步彰显出来，高科技被广泛运用于各行各业，高科技企业的成长速度惊人，根据2007年德勤中国高科技、高成长50强榜单，前五名企业三年平均收入增长超过96倍，50强企业三年平均收入增长超过13倍。

一 我国高科技企业的发展现状

（一）高科技企业概念的界定

高科技企业在国外又叫高技术企业，我国通常称其为高新技术企业，主要是为了鼓励新技术在产业领域的应用。高科技企业概念出现在20世纪60年代，其主要特征是知识密集程度高，属于高智力、高投入、高效益、高竞争、高势能、高影响力的技术。美国是高度重视高科技企业的国家，其依靠科技进步提高生产力的比率达到了90%，美国学者 F. G. Doody 和 H. B. Muntser 认为高科技企业是一类体现出高增长率、高额的研究与开发费用、高附加值、强烈的出口导向和高技能劳务密集的生产技术的公司。《科学美国人》对高科技企业的人才标准进行了具体的研究，认为高科技企业是需要不断进行高水平创新的企业，其市场可能在一夜之间进行变化，这类企业一般需要有10%以上的高级工程师和科学家。我国于1991年后出台了若干国家和地方性认定标准，1991年3月发布的《国家高新技术产业开发区高新技术企业认定条件和办法》中规定，高科技企业必须是知识密集和技术密集的经济实体，从事高科技产品研究、开发的科研人员应占企业职工总数的10%以上，用于高科技及其产品研究、开发的经费应占本企业每年总收入的3%以上，等等。2008年4月国家科技部、财政部、国家税务总局发布了最新的《高新技术企业认定管理办法》，要求高科技企业必须是在中国境内（不含港、澳、台地区）注册的企业，近3年内通过自主研发、受让、受赠、并购等方式，或通过5年以上的独占许可方式，对其主要产品（服务）的核心技术拥有自主知识产权，而且产品（服务）属于电子信息技术、生物与新医药技术等国家重点支持的高科技范畴；另外还规定高科技企业具有大学专科以上学历的科技人员占企业当年职工总数的30%以上，企业在中国境内发生的研究开发费用总额占全部研究开发费用总额的比例不低于60%，高新技术产品（服务）收入占企业当年总收入的60%以上。新的高科技企业认定标准将名不副实的高科技企业挡在了门外，有利于我国高科技企业经营质量的提高。

（二）我国高科技企业的经营状况

从1988年5月我国成立了第一个国家级高新技术开发区——北京新技术产业开发区开始，经过20年的发展，我国目前已经拥有53个国家级高新技术开发区。2002—2003 年，全国营业总收入超亿元的高科技企业的工业增加值为 7856 亿元，国家高新区内超亿元企业的工业增加值为 3758.6 亿元，占全国的 47.8%；此外，区内营业总收入超亿元的高新技术企业实现利润 991.3 亿元，占全国同类企业的 49.2%，出口创汇 480.0 亿美元，占全国同类企业的 51.5%。此外，国家高新区内的孵化器也占到全国孵化器总数的半壁江山。据 2004 年统计，53 个国家高新区营业总收入达到 26392.88 亿元，同比增长 26%；工业总产值达 21611.70 亿元，同比增长 25.23%；工业增加值首次突破 5000 亿元，达到 5553.44 亿元，占全国工业增加值 62815 亿元的 8.8 个百分点，同比增长 27.33%，比全国工业增加值的平均增幅高 16.2%；实现税收收入 1189.57 亿元，同比增长 20.15%。2005 年，国家高新区的工业增加值增长幅度达到 23.1%，高于全国工业增加值增长幅度 11.7 个百分点，占全国工业企业工业增加值的 9.3%。比 2001 年增长了 3.7 个百分点，相当一批国家高新区的工业增加值在其所在城市的工业增加值中占有较大份额，成为带动当地工业增长的重要力量。统计数据显示，2005 年，53 个国家高新区中工业增加值占所在城市工业增加值 20% 以上的有 31 个，充分体现了高科技因素对经济发展的推动作用。与此同时，高科技企业正逐步向 53 个高新区聚集，国家高新区已成为培育高科技企业的重要基地，高新区内的高科技企业从"十五"初期的 16507 家增加到"十五"末期的 27293 家，增长了 65.3%。"十五"初期，国家高新区中营业总收入在亿元以上企业只有 1539 家，而到了"十五"末期发展到了 3389 家，是"十五"初期的 2.2 倍。亿元企业最多的国家高新区是中关村科技园区，达到 555 家；最少的杨凌高新区也有 9 家。亿元企业的大量出现说明国家高新区及区内企业通过"十五"期间的发展，已经具备了一定的经济基础和规模，成功度过初创期，正在向创新发展期迈进。

科技部 2007 年年底的科技统计报告显示，2006 年我国高科技产业总体经营情况呈现出四大特点：一是产值规模增速较高，总产值达到41996亿元，比2005年增长22.2%，不过增长速度低于"十五"期间的平均增速；二是总产值占制造业的比重略低于2005年的水平，随着其他制造业的快速增长，高科技产业经济产出总量在整个制造业中的比重略有下降；三是高科技企业数量增加，2006年我国高科技企业数共计19161家，比2005年的17527家有较大增长。其中国有企业数量继续下降，共计1960家，产业规模明显减小；三资企业的数量比2005年有较大增加，共计6999家，比2005年增加508家，产业规模飞速发展；其他类型内资企业数量占高技术产业企业总数的53.2%，产业规模达到2320.3亿元，是高科技产业中国有企业产业规模（1270亿元）的1.827倍；四是研发投入力度远远落后于发达国家水平，高研发投入是高科技产业发展的直接动力，直接决定高科技企业的竞争力，2006年我国高科技产业R&D经费占工业总产值的比重为1.08%，而美国、加拿大、英国、瑞典、丹麦和芬兰都在10%以上，日本达到9.96%，德国和法国为8%左右，韩国和意大利的这一比重也大于4%。郎咸平曾对全国近200家高科技企业通过调查问卷方式进行了调查，并对深圳地区近30家高科技企业进行了实地调研，认为高科技企业产品的市场前景比较好，某些企业已经成为所属子行业的龙头企业，重视人才投入和研发项目投入，但普遍缺乏有效的管理机制，产品的研发效率较低。

二 高科技企业实施竞争锁定战略的意义

20世纪90年代以前的企业战略管理理论，大多建立在对抗竞争的基础上，侧重于讨论竞争和竞争优势。代表人物有切斯特·巴纳德（Chest Barnard，1938），伊戈尔·安索夫（Igor Ansoff，1965），迈克尔·波特（Michael E. Porter，1980，1985），普拉哈拉德和加里·哈默尔（Prahalad & Gary Hamel，1990）。巴纳德关于组织与环境相适应的主张成为现代战略分析方法的基础，安索夫首次将"协同"一词引入了管理学词汇，提供了一种进行战略规划决策的合理模型，即产品市场矩阵（安索夫矩阵）。波特的"五种竞争力模型"和"三种竞争战略"对于竞争战略理论做出了非常重要的贡献。普拉哈拉德和哈默尔是"核心竞争力"理论的创始人，此后核心竞争力理论在企业发展和企业战略研究方面迅速占据了主导地位，成为指导企业经营和管理的重要理论。随着高科技企业数量的日益增加及其对全球经济影响力的不断扩大，针对高科技企业竞争战略的研究也开始出现。夏皮罗和范里安（1999）对高科技企业竞争规则的分析得到越来越广泛的认同。夏皮罗等认为，高固定成本和低边际成本、网络外在性是知识产品两个最为突出的特性，二者的结合决定了知识产品的基本竞争策略，如差别定价、标准竞争、捆绑销售和锁定等。布赖恩·阿瑟从近年高科技市场的新情况出发，提出收益递增理论，该理论强调的是赢家通吃，也就是领先者更领先，步入良性循环并最终在市场上占据绝对优势，这一过程被称为"锁定效应"。

　　锁定效应在高科技企业比比皆是，百度、谷歌的搜索引擎，腾讯QQ的即时通讯，索尼的数码相机，IBM的金融、电信等IT服务，红桃K的补血产品，都呈现出竞争锁定现象。一种产品呈现出竞争锁定现象的原因是多种多样的，有些产品是偶然因素或在不知不觉中形成的，事先并没有经过精心的准备和策划，企业对锁定效应的结果也没有预期。如我们现在所使用的键盘，使用最多的字母都不在中间，最初是为了迁就打字机的速度慢，避免打字机卡字而这样设计的，结果由于大家都学会了使用这种键盘，不愿再学习其他模式的键盘而使键盘锁定在最初这种不利于提高打字速度的模式中。大卫、阿瑟等人注意到这种现象并对其进行了总结，他们的研究成果为后来的高科技企业竞争带来了很大的启发，一些高科技企业开始有计划、有步骤地采取措施帮助企业产品达到对市场或客户的锁定效应。这种企业通过精心策划，制定出系统、完善的竞争战略，有计划、有步骤地促使产品达到预期目的——对市场或客户的锁定效应的过程，就是高科技企业的竞争锁定战略。竞争锁定战略因其符合高科技企业的竞争规律而具有较强的实践意义。

三　高科技企业竞争锁定的理论基础

（一）网络经济理论

网络经济理论的两个核心概念是网络外部性和转移成本。当一种产品对客户的价值随着采用相同产品或可兼容产品的客户增加而增大时，就出现了网络外部性。网络外部性的一个直接效果便是市场"锁定"现象的形成，即消费者一旦选择某种厂商的产品，就会发生各种效用的沉淀，形成专用性资产，以至于将来更换厂商时，将会发生较大的成本损失，因此，对于消费者而言，一般不会轻易改变其所属厂商。转移成本是指获得、安装与学习使用一种新技术的机会成本，包括客户在现在使用的产品中投入的沉淀成本、转向使用新产品所必须支付的安装成本、培训成本、时间成本以及新产品的提供者为说服客户进行转移所花费的各种成本等。如果新产品的转移成本高于转移带来的收益，转移行为就是不经济的，此时就会出现现有产品对客户的锁定。

（二）报酬递增——路径依赖理论

传统的规模报酬递增指厂商的经营规模较大时，在给定技术状况下投入要素的效率提高，从而成本较低，规模报酬递增是有其产生的条件的，并不是规模越大越好，而是在一定的规模内可以达到厂商的均衡，也就是厂商投入与产出最合算。一项新技术刚出现时对于社会总是报酬递增的。它在初始阶段的效益可能很高，可以带来某项生产成本的明显下降。利益的驱动促使很多人采用并模仿这种技术，相应的配套技术也会随之诞生。这种技术得到配套技术的支持以后，构成一种整体的协调效果。它在扩散中被放大，因而得到流行。一旦这种技术在市场流行起来，人们会相信它会进一步流行，从而更坚信这种技术。此时这种技术的路径依赖形成。这种路径依赖虽然有人为的推动，但本质上是该项技术"自我增强"的结果，因为没有外在力量强迫社会一定要选择这项技术。

新技术的采用往往具有报酬递增的性质。由于某种原因首先发展起来的技术通常可以凭借先占的优势地位，利用规模巨大促成的单位成本降低，普遍流行导致的学习效应提高，许多行为者采取相同技术产生的协调效应，在市场上越是流行就促使人们相信它会进一步流行预期，等等，实现自我增强的良性循环，从而在竞争中胜过自己的对手。相反，一种具有较之其他技术更优良的品质的技术却可能由于晚人一步，没有能获得足够的追随者而陷入恶性循环，甚至"锁定"在某种被动状态，难以自拔。总之，细小的事件和偶然的情况常常会把技术发展引入特定的路径，而不同的路径最终会导致完全不同的结果。

（三）博弈理论

博弈理论根据其所采用的假设不同而分为合作博弈理论和非合作博弈理论，前者主要强调的是团体理性；而后者主要研究人们在利益相互影响的局势中如何选择策略使得自己的收益最大，即策略选择问题，强调的是个人理性。非合作博弈理论主要应用于微观经济领域，如企业竞争战略和价格战略等，其中将博弈论和生物进化论结合在一起的进化博弈理论认为，有限理性的参与人并不能对环境变化作出迅速、准确的反应，而是通过试验、模仿及学习等方式而选择决策，其决策受其所处环境的影响。系统达到均衡并不能通过行为主体一次性决策来完成，而需要一个复杂的渐进过程。进化博弈理论重点强调系统达到均衡的渐进过程，认为系统一旦达到某一个均衡就可能被锁定于该均衡状态，只有来自外部强大的冲击才能使系统离开原来的均衡。

这一理论对研究高科技企业的竞争锁定策略具有重要指导意义。

（四）混沌理论

混沌理论认为在混沌系统中，初始条件的十分微小的变化经过不断放大，对其未来状态会造成极其巨大的差别。某些系统具有内在不稳定时会出现紊乱的态势，数学上称之为"混沌"。一个混沌系统是一个非线性系统。它一旦有变化，就不是从一个值均匀地变化到另一个值，而是跳跃式地变化。一个非线性系统即使呈不稳定的混沌态势，它仍会趋于某个均衡点，围绕该点上下波动，达到该点时，便处于稳定状态。这个点就是混沌系统的均衡点。运用到股市上，它就成了某种股票价格的均衡点；运用到高科技企业中就是各企业的市场占有率。

综上所述，以高科技产业为主导的知识经济正逐步取代农业经济、工业经济成为世界经济的主要形态，高科技企业作为知识经济的支柱群体，在经济活动中的领头羊作用日益显现出来，企业的生产和人们的生活都越来越紧密地和高科技产品联系在一起。经过近二十年的发展壮大，我国高科技企业粗放式增长阶段已经基本结束，必将走上更加成熟的发展之路。然而，在技术进步和全球竞争的冲击下，高科技企业的竞争环境也更加复杂和变幻莫测，高收益与高风险并存的高科技企业迫切需要符合自身竞争规律的战略理论，指导自己在纷繁复杂的竞争环境中扬帆远航。

参考文献：

[1] W. Brian Arthur, Complexity and the Economy, Science, 1999, (2).

[2] 雁鸣：《Google 之道》，《南风窗》2005 年第 8 期。

[3] 张保胜：《论网络效应下的企业竞争战略》，《商业时代》2005 年第 29 期。

（原载《理论月刊》2008 年第 10 期）

附录Ⅶ　湖北医药企业市场锁定成因分析

市场锁定是指一种产品或服务因为短期内在市场上占据相对竞争优势，从而在自我强化机制的作用下，使这种产品或服务在以后相当长的一段时间内保持市场竞争优势的一种现象，产生这种现象的原因往往是客户面临较高的转移成本，即购买者将业务从一家企业转移到另一家企业所付出的代价。美国学者布莱恩·阿瑟认为锁定现象广泛存在于高科技企业，并建立阿瑟模型对高科技企业的技术锁定现象进行了分析[①]；卡尔·夏皮罗和哈尔·瓦里安对网络经济的锁定现象、锁定分类及锁定策略进行了研究；我国学者王建安、谢科范曾先后利用和发展了阿瑟模型。笔者将在这些研究的基础上对湖北省比较成功的医药企业的竞争策略归纳总结，分析其市场锁定成因，希望能为提高湖北医药企业的市场竞争能力提供决策参考。

一　湖北医药企业现状及市场锁定现象

（一）湖北医药企业现状概述

2002年湖北省医药工业企业的销售收入和利润等主要经济指标居全国第10位[②]。2005年，湖北医药企业经过新一轮的改革，经济效益不断提高。全省规模以上医药工业企业完成现价工业总产值146.01亿元，同比增长10.65%；完成医药工业增加值48.15亿元，同比增长9.23%。主要产品产量上升，其中化学药品原药生产总量为18581吨，同比增长20.9%，增幅较大；中成药生产总量为53464吨，同比增长

---

① [美]布里安·阿瑟：《收益递增与两个商业世界》，《经济导刊》2000年第3期。
② 苏书静：《湖北：发展医药工业的对策》，《当代经济》2004年第1期。

11.91%；新产品产值为 6.49 亿元，出口交货值为 14.29 亿元，同比分别增长 77.45% 和 58.21%[①]。2006 年 1—10 月全省生产化学药品原药 1.93 万吨，下降 9%；中成药 4.7 万吨，增长 16.6%。全行业产值 150.5 亿元，增长 21.8%；实现利润 7.21 亿元，增长 21.79%[②]。但根据 2005 年 1—8 月的统计数据，湖北省医药工业产品的销售收入和利润都已退出全国 10 强，整体实力明显低于江苏、浙江、广东、山东、上海、天津等省市[③]。与此同时，医药行业集中度已出现提高的迹象，强势企业与弱势企业差距拉大，市场化竞争所产生的强者恒强的马太效应已经开始出现，一些大型企业凭借其优势实力不断壮大，而一些生产能力、技术水平差的企业开始消亡，呈现出少数优势大企业和企业集团越来越强有力地左右着全国市场的趋势[④]。提高湖北医药企业的市场竞争能力已经迫在眉睫。

（二）湖北医药企业的市场锁定现象

医药企业的市场锁定现象指的是医药企业的一种产品在相当长的一段时间内保持市场竞争优势的现象，比如红桃 K 集团股份有限公司生产的红桃 K 生血剂，从 1996 年到 2005 年，连续十年销量居全国市场同类产品销量第一名，就是一种市场锁定现象。除红桃 K 集团的红桃 K 生血剂外，武汉健民药业集团股份有限公司研制生产的龙牡壮骨颗粒连续 16 年在市场上保持良好的销售业绩，被评为我国首批一级中药保护品种。2004 年武汉健民、中联、马应龙药业均进入中药饮片加工业销售收入全国前 10 名，显示出一定的产业集群征兆。分析这些现

[①] 李天书：《经济运行质量良好重点企业出现"井喷"——湖北医药行业迎来发展春天》，《中国医药报》2006 年 3 月 21 日第 B2 版。

[②] 湖北省经济委员会经济运行处：《（2006 年）1—10 月全省工业经济运行情况》，http://www.hbsme.gov.cn/，2006-11-27。

[③] 国家食品药品监督管理局南方医药经济研究所：《2005 年 1—8 月份医药工业经济运行分析》，《中国医药导刊》2005 年第 6 期。

[④] 梁红：《江西医药制造业的发展对策研究》，《江西社会科学》2006 年第 8 期。

象产生的原因有助于寻找到提高湖北医药企业竞争能力的共同途径。

二 湖北医药企业市场锁定的成因

(一) 通过产、学、研合作，研制出获得专利技术保护的产品

医药企业同其他行业企业相比表现为"四高"：高投入、高收益、高风险、高技术密集。高技术密集集中体现在新产品的开发和利用上。因为受到国内用药水平低、难以进入国外市场、国内医药基础研发薄弱等因素影响，我国新药研究的预期回报率较低，导致我国医药企业的研发（R&D）投入不足，比如美国医药企业的 R&D 强度是我国的 7 倍。2001 年我国投入医药企业的新产品研发经费仅为 14.1 亿元人民币，而国外平均一个新药的 R&D 投入为 8 亿美元[1]。在这种背景下，湖北成功实现市场锁定的企业不约而同地选择了产学研合作。八峰药化从一开始走的就是产、学、研合作的道路，与中国科学院微生物研究所、武汉大学等科研院所和大专院校建立了长期紧密的合作关系，并在此基础之上先后建立了氨基酸技术中心、博士后产业基地和国家人事部批准设立的博士后科研工作站，因而掌握了氨基酸生产的多项先进技术[2]。面临补血市场的激烈竞争，红桃 K 集团董事长谢圣明认为，一个企业能够形成市场竞争核心优势必须具备两个条件——核心技术优势和市场创新优势，为了延长红桃 K 产品的市场周期，该集团坚持将销售收入 6% 投入技术创新，并采取两条腿走路的办法：一是广泛整合社会科技优势资源，坚持产、学、研相结合的道路，与科研院所和大专院校建立紧密的技术合作关系；二是将企业自身的技术开发机构建设成为科技成果产业化的加速器，进行核心技术开发和技术

---

[1] 杨晓波：《医药制造业：中药投资潜力大》，《医药世界》2004 年第 1 期。
[2] 柯剑、黄河、还林：《八峰药化打造"东方氨基酸王国"》，《瞭望》2002 年第 31 期。

延伸①。可见,产、学、研合作是湖北医药企业提高核心竞争力、实现市场锁定的一条重要途径。

(二)剑走偏锋,选择竞争者较少的市场作为企业产品的目标市场

目前我国是世界西药原料药第二大生产国和主要出口国,在青霉素、VC、解热镇痛类、糖皮质激素、蒿甲醚等品种上有较强的竞争力。但技术上的成熟导致这些产品的进入门槛降低,国内市场竞争加剧。随着华北制药、哈药集团、鲁抗医药、石家庄制药、东北制药等原料药生产企业的市场扩张,主要原料药的生产已经集中在少数几家大型制药公司中,市场集中度越来越高。八峰药化早在1990年就选定了高起点、高附加值的氨基酸项目,避开了国内主要原料药的激烈竞争。健民药业集团坚持以中药研发、生产和销售为主业,重点开发市场急需的小儿用药、老年用药和重大疑难病症用药,取得了良好的市场业绩。而红桃K集团的成功在很大程度上应该归功于其对补血市场的果断切入,当时的补血市场除了阿胶外,几乎是个空白,红桃K的这个定位加上其独特的广告策略使其很容易地占领了补血市场,并且获得了比较丰厚的利润。虽然后来出现了许多生产补血产品的潜在竞争者,但医药产品的高转移成本和规模优势使红桃K连续十年锁定补血市场。

(三)医药产品极高的搜索成本加强了湖北医药企业的市场锁定效应

所谓搜索成本,是指购买者和出售者为了在市场中寻找到对方并建立生意关系而引起的成本,是构成转移成本的一个因素。其中购买者承担的搜索成本包括:改变购买习惯的心理成本,认知替代品所花的时间和精力,选择未知供应商所带来的风险等。医药产品的特点决定其具有极高的搜索成本,因为医药产品是用于人且事关人命的特殊商品,改变购买对象,使用未知产品有可能要付出生命的代价,这是

---

① 张继明:《中国补血市场的竞争》,《国际医药卫生导报》2002年第18期。

无法用金钱来衡量的，因此医药产品具有极高的转移成本。当购买者为了避免高昂的转移成本而普遍倾向于购买熟知的、公认安全有效的产品时，这种产品就锁定了购买者，形成了市场锁定。如武汉健民集团的龙牡壮骨颗粒在 20 世纪 90 年代中期就已经成为小儿补钙市场的第一品牌，由于上市时间较长，得到了幼儿家长和医生的充分认同，出于对幼儿健康的考虑，他们轻易不会改变购买方向，使用自己不熟悉的补钙产品，由此使武汉健民拥有了一批忠实的消费者，加强了对市场的锁定。

（四）湖北拥有丰富的中药材原料资源和雄厚的生物科研实力

据全国中药资源普查数据表明，湖北省中药资源约 3970 种，居全国第 4 位，以此作基源的中药有 4531 味，家种药材产量占全国第 7 位，野生药材蕴藏量占全国第 11 位，植物药材年收购量占全国第 6 位[①]，素有"华中药库"之称的湖北省恩施土家族苗族自治州就有药用植物资源 186 科、854 属、2088 种，占全国药用植物资源的 46%。同时，湖北的生物科研实力在全国排名前列，拥有院士 11 人，国家重点工程技术中心 4 个，科研成果 200 多项，专利 300 多项，在环东湖地区，生物技术与医药企业 360 余家[②]。湖北省中药生产具有悠久的历史，健民、中联、马应龙等中药老字号企业在全国都具有较高的知名度，健民药业集团更是稳居全国医药企业 50 强前列。近年出现的一些生物医药企业，如红桃 K 集团、春天生物公司等也取得了骄人的市场业绩。这些企业都很注意依靠本省的中药材资源优势，利用高校和科研院的研究能力为本企业打造核心竞争力。

---

① 陈家春、詹亚华、陈厚祥：《湖北省中成药发展的现状及主要对策》，《湖北中医学院学报》2000 年第 3 期。
② 王龙、康灿华：《我国医药企业研发战略联盟研究》，《科技管理研究》2005 年第 12 期。

三 结语

通过对湖北成功医药企业市场锁定成因的分析，我们可以得出以下三条启示：

1. 明确的市场定位、差异化的产品选择是湖北医药企业获得市场竞争能力的基础。随着市场竞争的不断加剧，目前湖北部分医药企业品种单一、产品结构不合理的问题逐渐显现出来。因此，必须进行战略性产品结构调整，在充分认识市场需求趋势的前提下，结合企业自身专长，运用生态理论选择适当的市场领域进行开拓。具体来讲，湖北医药企业应适当减少对竞争激烈的主要原料药的投入，把投资重点转移到中药和生物医药产品上来，促进中药和生物医药产业集群的形成。

2. 订立战略联盟，构建网络型组织是湖北医药企业提高技术竞争力的有效途径。湖北医药企业平均规模较小，资金实力较弱，企业R&D投入乏力，应积极寻求与高校及科研院所更密切、更全面的合作形式。战略联盟是一种较为稳固的社会关系，它是公司的一种社会资本，可以提供更多的发展新技术的资源储备。通过战略联盟的方式，有效地建立网络型组织，与潜在的竞争对手合作，取长补短，可以用较低的成本迅速提高医药企业的技术竞争力。

3. 整合医药资源、重组医药企业是保持湖北医药企业持续竞争力的组织保证。医药企业的市场锁定现象使得医药行业集中度提高。从国际上看，世界医药市场主要被少数发达国家和跨国制药企业所垄断。据对国内前60位医药企业的统计，它们的销售额占全国医药销售额的比重逐年提高，1995年为19.7%，2003年为32.9%，2004年前10位的企业销售额占了100强的43.78%。传统中小型医药企业的生存空间将变得十分狭小，湖北医药企业应认清这一发展趋势，把握时机，通过医药资源的整合、重组，重点发展中药和生物医药产品，做强做大医药企业。

总之，湖北成功医药企业的市场锁定效应为处在转型期的其他医药企业提供了有价值的经验借鉴。但医药企业在追求市场锁定的同时，也要注意到锁定是有周期的，过于依赖成功的经验而不随环境的变化进行经营创新，已经形成的市场锁定也有可能被新的竞争对手打破。

（原载《武汉工程大学学报》2007年第5期）

参考文献

白长虹、廖伟：《基于顾客感知价值的顾客满意研究》，《南开学报》（哲学社会科学版）2001年第6期。

白鸣：《转换成本对满意网店忠诚关系的调节作用研究》，硕士学位论文，大连理工大学，2008年。

蔡彬清、陈国宏、李美娟：《基于自组织的产业集群演化中的锁定效应研究》，《科技进步与对策》2008年第7期。

蔡春红、冯强：《网络经济背景下企业价值网模块再造、价值重构与商业模式创新》，《管理学刊》2017年第4期。

陈飞翔、黎开颜、刘佳：《锁定效应与中国地区发展不平衡》，《管理世界》2007年第12期。

陈衡：《第三方网上支付平台用户接受影响因素研究》，硕士学位论文，山东大学，2013年。

陈志：《战略性新兴产业发展中的商业模式创新研究》，《经济体制改革》2012年第1期。

戴继平：《新产品速度营销的时间价值及形成机理》，《科技进步与对策》2007年第10期。

丁浩、王炳成、范柳：《国外商业模式创新途径研究述评》，《经济问题探索》2013年第9期。

董俫:《战略锁定与企业间同时行动博弈——基于转换成本角度的分析》,《财经问题研究》2008年第2期。

段文奇:《网络效应新产品的启动战略研究》,《科技进步与对策》2009年第6期。

Eugene W. Anderson, Claes Fornell, Donald R. Lehmann, 刘金兰、康键:《顾客满意度、市场份额与利润率的关系——来自瑞典的发现》,《管理学报》2005年第1期。

郭海昕、王华:《开放经济条件下我国的自主创新与研发》,《国际贸易问题》2010年第3期。

郭毅夫:《商业模式创新与企业竞争优势:内在机理及实证研究》,博士学位论文,东华大学,2009年。

洪志生、薛澜、周源:《战略性新兴产业运营模式创新类型及策略研究》,《科技进步与对策》2015年第13期。

胡蓉、董媛:《顾客锁定研究述评》,《中外企业家》2009年第16期。

胡润波、杨德礼、祁瑞华:《移动商务中基于综合评价的推荐信任评估模型》,《运筹与管理》2010年第3期。

黄爱白、赵冬梅:《我国B-C网络消费者锁定问题的实证研究》,《经济学》(季刊)2009年第1期。

吉宏伟、孙武军:《网络外部性、转移成本与产品兼容性决策分析》,《管理学报》2007年第6期。

蒋传海:《网络效应、转移成本和竞争性价格歧视》,《经济研究》2010年第9期。

蒋传海、夏大慰:《产品差异、转移成本和市场竞争》,《财经研究》2006年第4期。

蒋丽丝:《基于网络外部性的厂商兼容性问题研究》,《科学技术与工程》2010年第33期。

蒋帅:《基于客户转移成本的客户锁定与客户忠诚研究综述》,《现代商业》2009 年第 8 期。

李华：《基于价值网的企业商业模式创新内在机理分析》，《商业时代》2015 年第 35 期。

李慧芬、杨德礼、王建军：《考虑信息粘性和正外部性的服务合作生产激励机制》，《大连理工大学学报》（社会科学版）2012 年第 3 期。

李明、王云美、司春林：《企业如何走出创新困境——基于锁定效应的分析》，《科技管理研究》2010 年第 11 期。

林青：《顾客满意向顾客忠诚转换因素探讨》，《商业研究》2006 年第 5 期。

刘怀伟、贾生华：《基于锁定的顾客网络管理策略》，《科研管理》2003 年第 5 期。

刘力、陈燕芬：《产业集群动态演化中的风险因素及其"锁定效应"探析》，《生产力研究》2006 年第 9 期。

刘茂红：《中国互联网产业组织实证研究》，博士学位论文，武汉大学，2011 年。

刘谦、姜南、戴凤燕：《"低端锁定"突破新路径：专利密集型产业研究综述与展望》，《科技进步与对策》2017 年第 19 期。

刘云：《基于移动代理电子商务环境中的信任风险评估模型研究》，硕士学位论文，华中科技大学，2009 年。

罗勇、张倩倩：《劳动密集型产业转移与承接的实证研究——以东中西部为例》，《软科学》2015 年第 3 期。

马键、林建浩、王美今：《转移成本与产品兼容对网络产业动态演化的影响》，《系统工程理论与实践》2015 年第 11 期。

毛中明、郭广迪：《湖北医药企业市场锁定成因分析》，《武汉工程大学学报》2007 年第 5 期。

南晓芳、王红刚：《基于顾客锁定的电信企业战略选择》，《中国市场》2012 年第 32 期。

潘小军、陈宏民、侯和银：《网络外部性与产品垄断定价策略研究》，《管理工程学报》2006年第1期。

彭思偲：《我国3G电信运营商对用户锁定策略的分析》，硕士学位论文，上海交通大学，2011年。

秦进、陈琦：《网络零售服务补救情形下的顾客忠诚——基于感知公平与感知转移成本视角的研究》，《经济管理》2012年第3期。

任雅威、杨德礼、刁新军：《一类n维互联网市场竞争模型研究》，《系统工程学报》2011年第5期。

谭劲松、林润辉：《TD – SCDMA与电信行业标准竞争的战略选择》，《管理世界》2006年第6期。

陶爱萍、汤成成、洪结银：《标准锁定效应下企业创新惰性：影响因素与生成机理》，《科技进步与对策》2013年第22期。

田志龙、盘远华、高海涛：《商业模式创新途径探讨》，《经济与管理》2006年第11期。

王国才、朱道立：《网络经济下企业兼容性选择与用户锁定策略研究》，《中国管理科学》2004年第6期。

王海永：《SNS（社交网站）顾客忠诚度影响因素研究》，硕士学位论文，浙江大学，2011年。

王琴：《顾客锁定——理论研究与实证分析》，复旦大学出版社2003年版。

王琴：《顾客行为的转移成本分析》，《上海管理科学》2002年第4期。

王琴：《基于价值网络重构的企业商业模式创新》，《中国工业经济》2011年第1期。

王鑫鑫、王宗军：《国外商业模式创新研究综述》，《外国经济与管理》2009年第12期。

王雪冬、董大海：《商业模式创新概念研究述评与展望》，《外国经济与管理》2013年第11期。

吴绍波、刘敦虎、彭双:《战略性新兴产业创新生态系统技术标准形成模式研究》,《科技进步与对策》2014 年第 18 期。

谢科范、罗险峰:《技术创新的锁定机制分析》,《武汉汽车工业大学学报》1999 年第 5 期。

谢兆霞、李莉:《B2B 电子中介买方用户忠诚形成机理实证研究——基于转移成本的调节作用》,《管理学报》2011 年第 4 期。

徐兵、朱道立:《具有网络外部性的扩展 Hotelling 模型》,《管理科学学报》2007 年第 1 期。

徐美娟:《基于转换成本视角的跨境零售电子商务网站顾客忠诚度研究》,硕士学位论文,东华大学,2016 年。

叶明:《互联网行业市场支配地位的认定困境及其破解路径》,《法商研究》2014 年第 31 期。

易英:《切换成本和锁定效应与网络成长》,《情报杂志》2005 年第 8 期。

易英、刘震宇:《网络竞争中的切换成本与锁定效应的分析和模拟》,《厦门大学学报》(自然科学版) 2003 年第 6 期。

岳中刚:《转换成本、锁定效应与定价策略研究——以银行卡产业为例》,《河北经贸大学学报》2008 年第 2 期。

曾涛:《企业商业模式创新:一种更重要的核心竞争力》,《经济体制改革》2006 年第 2 期。

张长征、郇志坚、李怀祖:《高技术产业链中下游企业数量对排他性交易的影响研究》,《科技进步与对策》2009 年第 13 期。

张晖:《产业升级面临的困境与路径依赖锁定效应——基于新制度经济学视角的分析》,《现代财经—天津财经大学学报》2011 年第 10 期。

张素华:《基于网络外部性与从众效应的锁定策略研究》,硕士学位论文,厦门大学,2008 年。

郑耀群：《路径依赖与产业集群演进中的制度锁定效应研究》，《商业时代》2012年第5期。

周彦莉、赵炳新：《客户视角的市场锁定现象机理与模拟》，《系统管理学报》2017年第1期。

朱林征：《第三方网上支付及影响因素研究》，硕士学位论文，北京邮电大学，2011年。

Bell, Simon, Seigyoung, Auh, Karen, Smalley, Customer Relationships dynamics: Service Quality and Customer Loyalty in the Context of Changing Customer Expertise and Switching, *Journal of the Academy of Marketing Science*, 2006, 33 (2): 169 – 183.

Burnham, T. A., Frels, J., K., & Mahajan, Conmusers Switching costs: A Typology, Antecedents, and Consequences, *Journal of the Academy of Marketing Science*, 2003, 31 (2), 109 – 126.

Crosby, L. A., Kenneth R. E., & Cowles, D., Relationship Quality in Service Selling: An Interpersonal Influence Perspective, *Journal of Marketing*, July 1990 (54): 68 – 81.

Gandal N., Competing Compatibility Standards and Network Externalities in the PC Software Market, *Review of Economics & Statistics*, 1995, 77 (4): 599 – 608.

Janssen M., Jager W., An Integrated Approach to Sitimulating Behavioural Processes: A Case Study of the Lock-in of Consumption Patterns, *Journal of Artificial Societies and Social Simulation*, 1999 (2).

Katz M. L., Shapiro C., Network Externality, Competition and Compatibility, *American Economic Review*, 1985, 75 (3): 424 – 440.

Krugman P., Increasing Returns and Economic Geography, *Political Econ.*, 1991 (99): 483 – 499.

Paea, J. H., Hyunb J. S., Technology Advancement Strategy on Patronage

Decisions: the Role of Switching Costs in High – technology Markets, *Omerga*, 2006 (34) 19 – 27.

Parkhe, A., Strategic Alliance Structuring: A Game Theoretic and Transaction Cost Examination of Interfirm Cooperation, *Academy of Management Journal*, 1993, Vol. 36, No. 4 (Aug.): 794 – 829.

Shy B., A Quick-and-easy Method for Estimating Switching Costs, *International Journal of Industrial Organization*, 2002 (2): 71 – 87.

Wilfred Dolfsma, Loet Leydesdorff, Lock-in and Break-out from Technological Trajectories: Modeling and Policy Implications, *Technological Forecasting & Social Change*, 2009, 76 (7): 932 – 941.